1900

Birgit Haustedt

IM ALTEN LAND

Mit zahlreichen farbigen Abbildungen

Insel Verlag

Insel-Bücherei Nr. 1478

INHALT

IM ALTEN LAND

WENN DIE ÄPFEL UND KIRSCHEN BLÜHEN

Ab Mitte März beginnt in Tokio das Warten. Tag für Tag kontrollieren Beobachter die Kirschbäume im Yasukuni-Schrein beim Alten Kaiserpalast. Jeden Abend berichten sie in den Fernsehnachrichten über den Zustand der Knospen. Sobald zarte Blätter hervorlugen, bringen sich Fernsehteams und Fotografen in Position: Jeder will dabei sein, wenn die ersten fünf Knospen aufblühen. Denn das ist der offizielle Beginn der Kirschblüte in Japans Metropole und zugleich der Beginn des wichtigsten gesellschaftlichen Ereignisses im Jahr, des Kirschblütenfestes. Eine jahrtausendealte Tradition. Selbst eingefleischte Großstädter werden jetzt zu verzückten Naturanbetern und treffen sich allabendlich zum Picknick unter dem Kirschbaum.

Ganz so ist es im Alten Land nicht, wenn dort Mitte bis Ende April das Blütenbarometer den Beginn der Kirsch- und etwas später der Apfelblüte anzeigt. Doch auch hier steht alles im Zeichen des Aufbruchs: Fahrradverleiher bringen ihre Räder auf Vordermann, Obsthöfe stellen die Gartenstühle hinaus, Restaurants putzen die Terrassen. Und wenn dann die Sonne scheint, kommen die Hamburger. Die Obstblüte im Alten Land, die bis Ende Mai dauert, ist für die Großstädter ein Signal: Jetzt ist der Frühling da. Familien, Freun-

HOGENDIEKBRUCK

deskreise, Seniorengruppen und Rennradler machen sich auf den Weg über die Elbe. Der erste Ausflug im Jahr ins Alte Land ist für viele Hamburger eine Tradition, zwar nicht seit tausend Jahren, aber immerhin seit dem 19. Jahrhundert.

Unter dem weiten norddeutschen Himmel leuchtet dann das ganze Alte Land in Weiß und Rosa und lässt graue Wintertage im Nu vergessen. Man radelt an vielen Obstbaumreihen entlang, spaziert auf Deichen, überquert kleine Flüsse und staunt immer wieder über alte Mühlen und die vielen stolzen Fachwerkhäuser, die schnurgerade Straßen und krumme Deiche säumen.

In Tokio ist nach zehn Tagen alles vorbei. Wenn die Bäume die Blütenblätter verlieren, packen die Menschen ihre Picknickdecken ein: Das Kirschblütenfest ist seit je eine Feier der Schönheit und Vergänglichkeit. Nicht so im Alten Land, da beginnt für die Bauern die eigentliche Arbeit jetzt: Anders als in Japan, wo die Kirschbäume nur zur Zierde dienen, sollen hier die Bäume später Früchte tragen, Äpfel, Kirschen oder Zwetschgen. Denn das Alte Land ist ein hochentwickeltes Landwirtschaftsgebiet, das größte Obstanbaugebiet Deutschlands. Alles hängt davon ab, ob und wie die Obsternte gelingt. Die Blütezeit ist die wichtigste und empfindlichste Zeit für die Bäume: Haben die Imker rechtzeitig ihre Bienenvölker zum Bestäuben der Blüten gebracht? Sind genug Bienen eingewandert, wie man hier sagt? Dann muss das Wetter mitspielen. Die gefürchteten Spätfröste können die Früchte eines ganzen Jahrgangs beschädigen oder vernichten. Obstanbau ist seit je mit viel Sorgen und Arbeit verbunden.

Wir Ausflügler bekommen davon kaum etwas mit. Wir fahren ins Alte Land, weil es dort so schön ist, nicht nur zur Blütezeit, sondern auch im Sommer, wenn die Kirschen reifen, oder im Herbst, wenn überall die roten Äpfel leuchten. Wir fahren dahin, weil diese Landschaft mit ihren vielen Wasserwegen, den Deichen und den idyllischen Dörfern einen besonderen Zauber ausstrahlt. Das Alte Land ist eine uralte Kulturlandschaft, die bis heute ihren eigenen Charakter und ihre eigenen Traditionen bewahrt hat. Die muss man nicht kennen, um Apfelkuchen in einem der vielen Hofcafés zu genießen. Verstehen wird man die Landschaft und die Menschen im Alten Land aber erst, wenn man ihre Geschichte kennt: die Anfänge im Mittelalter, die Deichbaukunst der Altländer und ihren ständigen Kampf gegen die Sturmfluten, ihren besonderen Schönheitssinn bei der Gestaltung ihrer Bauernhöfe, ihr Faible für Geometrie und ihre Liebe zur Musik, besonders zu den Orgeln Arp Schnitgers, die hier so reichlich vertreten sind wie sonst nirgendwo auf der Welt.

I. DIE ANFÄNGE

Der Name klingt, als sei das Alte Land immer schon da gewesen. Das Gegenteil ist der Fall: Das Alte Land entstand erst vor gut 900 Jahren im Mittelalter. Erdgeschichtlich gehört es sogar zu den jüngsten Gebieten an der Elbe. Als die Gletscher während der letzten Eiszeit vor ungefähr 13 500 Jahren schmolzen, bahnten sich ungeheure Wassermassen ihren Weg in Richtung heutige Nordsee. So entstand zwischen höheren Endmoränenzügen, den heutigen Geesthängen von Hamburg auf der einen und Harburg auf der anderen Seite, das weite Elbe-Urstromtal. Immer wieder wurde es überflutet, ein letztes Mal vor 2000 Jahren. Dann zog sich das Wasser endgültig zurück. Der Boden wurde süßer, Hochmoore bildeten sich, und es entstand eine Wildnis aus Sumpf, Wasserlachen, Moor, Sand und Gestrüpp. Eine unwirtliche Gegend, ein amphibisches Zwischenreich, in dem sich das Meer durch Ebbe und Flut immer noch zweimal täglich in Erinnerung rief.

Und doch lebten schon früh Menschen an der Unterelbe, wie Funde aus Bronze- und älterer Eisenzeit belegen. Um die Zeitenwende kamen Langobarden und Chauken. Richtig sesshaft wurden hier erst die Sachsen vom 7. Jahrhundert an. Auf den höheren Uferrändern, wo Sedimente, Treibsand und Treibgut im Laufe der Zeit einen natürlichen Wall gebildet

DIE
Wedel
Stade

Ao 1746.
SITUATIONS
CHARTE
VOM
ALTENLANDE
nebst den angrenzen Burg gerichte, und
AMTE STADE.
Maasstab von einer Calenbergischen Meile.
1 Meile
Neuenfelde
Ost-Jörck
Jörcker Kirchweg
Ost-Zalicop

hatten, bauten sie ihre Hütten auf kleinen Erdhügeln, den sogenannten Wurten, damit die täglichen Fluten sie nicht erreichen konnte. Sie lebten vom Fischfang und von der Vogeljagd, hielten eigenes Vieh und bauten Hafer und Ackerbohnen an.

Viel Staat machen konnte man mit diesem unwirtlichen Land allerdings nicht, was die oberen Landesherren vom Erzbistum Bremen und Hamburg, denen es seit Mitte des 9. Jahrhunderts gehörte, zunächst kaum interessierte. Zu beschäftigt waren sie mit ihrem Auftrag als nördlichster Vorposten der Kirche: die Heiden hoch oben in Dänemark, Schweden und Norwegen zum Christentum zu bekehren. Als die Missionierung Skandinaviens zu Beginn des 12. Jahrhunderts vollendet war, verloren die Geistlichen nicht nur ihre eigentliche Aufgabe, sondern auch ihre weltliche Vorherrschaft im Norden. Denn die stolzen Könige dort wollten sich nicht länger der Kirche unterordnen.

Bei seinem Amtsantritt 1104 fand Friedrich I. in Bremen und Hamburg ein Erzbistum vor, das von Autoritätszerfall und Machtverlust gezeichnet war. Damit wollte er sich nicht abfinden, und so hörte er sich aufmerksam an, was ihm eine kleine Truppe von Holländern unter der Führung des Priesters Heinrich vorschlug. In ihrer Heimat hatten diese bereits erfolgreich einige Gebiete bei Utrecht urbar gemacht und suchten neue Aufgaben und eine neue Bleibe. Sie boten an, als ausgewiesene Deich- und Wasserexperten an Weser und

Unterelbe tätig zu werden. Der Bischof schlug ein und schloss 1113 mit den Hollandri einen folgenreichen Vertrag (auf Holländisch »Cope«, worauf die Endung von Ortsnamen wie Nincop oder Francop hinweisen). Dieses Abkommen kann als die eigentliche Gründungsurkunde des Alten Landes gelten.

Darin verpflichteten sich die Holländer, alle Arbeiten zur Landgewinnung zu übernehmen. Im Gegenzug erhielt jeder Beteiligte ein eigenes Stück Land als vererbbaren freien Grundbesitz. Das neue Gebiet durften die Siedler selbst verwalten und kleinere Alltagsstreitigkeiten nach holländischem Recht unter sich regeln. Der Bischof erlaubte ihnen sogar den Bau eigener Kirchen, verlangte aber, dass die Holländer die Oberhoheit des Erzbistums anerkannten, sich in wichtigen Fragen dem erzbischöflichen Gericht unterstellten sowie einen Teil ihrer Ernte und ihres Viehs an ihn abführten. Damit machte der geistliche Herr ungewöhnliche Zugeständnisse an die Siedler aus der Fremde, denen er im Grunde erlaubte, auf seinem Hoheitsgebiet eine holländische Enklave zu errichten, nur in der Hoffnung auf höhere Steuereinnahmen und eine Ausweitung der kirchlichen Machtbasis durch ihm verpflichtete loyale Untertanen.

DIE HOLLERKOLONISATION

Die ersten kleineren Urbarmachungen erfolgten wahrscheinlich an der Weser, bevor die Holländer an der Unterelbe ihr größtes Landgewinnungs- und Deichbauprojekt starteten. Von Westen nach Osten immer entlang der Elbe auf der einen und des Geestrückens auf der anderen Seite deichten sie Stück für Stück das Land ein. Die fertigen Abschnitte nannten sie Meilen, sie heißen noch heute so. Sie begannen mit der I. Meile ab 1135 an der Schwinge, die durch Stade fließt. 1143 bauten sie das erste Dorf, das heutige Hollern. 1148 waren sie bereits bis zur Lühe gelangt, wo sie das Dorf Lu, heute Steinkirchen, gründeten. Die II. Meile zwischen Lühe und Este, »alles Land und die Einöde an der Escheda«, wie es in einer Urkunde heißt, nahmen sie einige Jahrzehnte später in Angriff, der Hauptort Estebrügge entstand um 1200. Die Urbarmachung und Besiedlung der III. Meile zwischen Este und alter Süderelbe wurde in der ersten Hälfte des 13. Jahrhunderts beendet. Damit hatten die Holländer eine Fläche von ungefähr 170 Quadratkilometern erschlossen. Das ist das Alte Land.

Eine unglaubliche Arbeitsleistung, wenn man bedenkt, wie viele Kilometer Deiche sie bauten: zuerst die Deiche an der Elbe, dann an den Nebenflüssen Schwinge, Lühe, Este und Süderelbe und als Schutz gegen Schmelz- und Regenwasser zur höheren Geestseite die Achtern- oder Hinterdeiche.

Damit war es längst nicht getan, denn der Boden musste erst einmal entwässert werden, bevor man ihn nutzen konnte. Hier gingen sie ebenso systematisch vor, bauten breite Kanäle, die sogenannten Wettern, und hoben viele Tausende schmale Gräben aus. Das Land teilten sie in Felder von ungefähr zwei Kilometer Länge und hundert bis hundertfünfzig Meter Breite auf, alles Maße, die aus ihrer Heimat stammten. Solche Holländerhufen, streifenförmige schmale Grundstücke, entstanden überall dort, wo es die natürlichen Bedingungen zuließen und nicht schon ältere Ansiedlungen lagen. Die Höfe baute man an die Stirnseite zu den Verkehrswegen hin: an den Deichen die kurvenreichen Deichhufendörfer, an Straßen und Wettern die gradlinigen Marschhufendörfer; Dörfer, in denen die Häuser nicht vereinzelt standen, sondern dicht an dicht, und die so das charakteristische Erscheinungsbild erhielten, das sie zum Teil bis heute bieten. Auch das Gelände zeigt Spuren seiner Entstehung, obwohl sich durch Erbteilung, Sturmfluten, Zuschütten von Gräben und modernen Straßenbau einiges verändert hat. Wenn wir mit dem Fahrrad durch das Alte Land radeln, an schnurgeraden Kanälen, exakt vermessenen Feldern, an Schleusen und Deichen vorbei, fahren wir durch eine Landschaft, deren mittelalterliche Ursprünge nach holländischem Vorbild bis heute sichtbar sind – besser als vielerorts im Ursprungsland der Kolonisten selbst.

ALTE UND NEUE SIEDLER

In kaum mehr als hundert Jahren hatten holländische Migranten aus einem unwirtlichen Sumpfgebiet eine fruchtbare Landschaft mit Äckern und Viehweiden, Dörfern, Kirchen geschaffen. Eine Erfolgsgeschichte für die Siedler, die hier eine neue Heimat fanden. Eine Erfolgsgeschichte auch für die Kirche, die Erzbischof Friedrich zwar nicht mehr erlebte – er starb 1123 –, seinem Erzbistum Bremen und Hamburg jedoch jahrhundertelang zu Reichtum und Macht verhalf.

Wie aber reagierten die damals an der Unterelbe schon ansässigen Sachsen auf diese Kolonisierung von oben und durch Fremde? Selbst wenn ihre eigenen Ansiedlungen am direkten Uferrand der Elbe bestehen blieben – erkennbar an Ortsnamen wie Bassenfleth oder Twielenfleth (fleth = Fluss) –, verloren sie durch die neuen Besitzverhältnisse immerhin ihre hergebrachten sommerlichen Weiderechte im ehemaligen sumpfigen Niemandsland. Ob es zu Streit und großen Auseinandersetzungen kam, ist nicht bekannt. Möglicherweise einigten sich Sachsen und Neuankömmlinge rasch durch Verträge auf eine friedliche Koexistenz – auf Geheiß ihrer jeweiligen Oberen, des Erzbistums Bremen und Hamburg und der adligen Grundherren, bei denen die ursprünglich freien Sachsen im Laufe des Mittelalters in Abhängigkeiten geraten waren. Wahrscheinlich arbeiteten Alt- und Neusiedler sogar zusammen, indem die Holländer schon bestehende niedrige sächsische Ringdeiche zwischen den Wurten erhöhten und damit auch den Sachsen mehr Schutz vor Hochwasser boten. Dafür gibt es Indizien: Einige Wege im Alten Land entsprechen dem Verlauf der ersten sächsischen Deiche. Die Unterschiede zwischen Alt- und Neusiedlern aber wirkten sich jahrhundertelang aus. »Noch 1517 ist in dem Altländer Landrecht von Verschiedenheiten die Rede«, wie Bernd Köhler und Hans Riediger in ihrem Standardwerk über *Das Alte Land* schreiben.

Denn bei ihren Begegnungen trafen ganz unterschiedliche Kulturen aufeinander. Hier die Einheimischen, die zwar auch in die Natur eingegriffen hatten, Wurten gebaut und Gräben gezogen hatten, sich dabei im Großen und Ganzen stets den natürlichen Bedingungen und den Gezeiten angepasst hatten. Dort die Fremden, die Stück für Stück die Flusslandschaft an der Elbe neu gestalteten und dabei äußerst effizient mit damals modernsten Methoden vorgingen. Letztlich jedoch unterlagen die ursprünglichen Einwohner wohl der zivilisatorischen Überlegenheit der Kolonisatoren aus Holland. Deren Landgewinnungsprojekt prägte fortan nicht nur das Landschaftsbild, sondern veränderte langfristig das Verhältnis aller Bewohner zur Natur.

Auch wirtschaftlich und politisch entstand Neues. Wie fast überall im Mittelalter herrschten bis dahin an der Unterelbe feudale Verhältnisse, Bauern machten Fronarbeit für ihre adligen Herren und lebten – gerade in den ärmeren Geestgegenden – in manchmal bedrückenden Abhängigkeiten. Die Holländer hingegen waren freie Bauern, die fast all ihre Angelegenheiten selbst verwalteten: Stolze Menschen, die Wind, Wasser und Gezeiten bezwangen, freiheitsliebende, tüchtige und selbstbewusste Pioniere einer neuen Ordnung – gar nicht so anders als die Menschen auf der anderen Seite der Elbe in der Stadt Hamburg. Mit den im Alten Land nie beliebten Hamburgern, die sich ebenfalls seit dem Mittelalter aus alten Abhängigkeiten befreit hatten, verband sie weit mehr als mit den Kleinbauern in ihrer direkten Nachbarschaft in der Geest.

DER NAME

Nicht nur erdgeschichtlich betrachtet, sondern auch wirtschaftlich und politisch war das Alte Land damals also das jüngste und modernste Agrargebiet an der Unterelbe. Woher stammt dann der Name »Altes Land«? Wurden so anfangs nur die Gebiete der Altsiedler, der Sachsen, auf den hohen Uferrändern im Unterschied zu dem Neuland der Holländer bezeichnet? Oder war damit nur die I. Meile gemeint, nachdem die II. Meile fertig war? Bis heute konnten sich die Forscher darüber nicht einigen.

Unstrittig ist, dass die Bezeichnung »Altes Land« (»terra antiqua«) 1306 erstmals urkundlich erwähnt wurde und sich seitdem als Name des gesamten Gebietes zu etablieren begann. Trotz vieler Unterschiede müssen sich Alteingesessene und Neusiedler also recht bald als Einheit gefühlt haben – mindestens gegenüber den Stadtbewohnern von Stade und Hamburg, aber auch gegenüber den benachbarten Geestbauern. Über Jahrhunderte wuchs im Alten Land ein besonderes Zusammengehörigkeitsgefühl. Fremdherrschaften, sei es von Schweden nach dem Dreißigjährigem Krieg, die lange kurfürstliche Regierung Hannovers, Besetzungen durch Preußen und Franzosen, konnten dem Stolz der Altländer nichts anhaben. Selbst nachdem Hamburg durch Gebietsreformen von 1932 und 1937 einen Teil der III. Meile eingemeindete, fühlen sich die Bewohner dort weiterhin als Altländer und sehen Hamburg eher als mächtigen Nachbarn, dem man sich nicht gern unterordnet. Eine starke Opposition gegen jede Herrschaft von oben zeigte sich übrigens schon beim ersten urkundlichen Auftauchen des Namens. 1306 nahm das »Alte Land« an einem Krieg der Elbmarschen nicht nur gegen den Grafen von Holstein teil, sondern auch gegen den eigenen Oberherrn, den Erzbischof von Bremen und Hamburg.

II. DEICHE

Für die meisten Menschen ist ein Deich nichts weiter als ein grüner Erdwall, nicht besonders hoch, nicht besonders interessant. Im Alten Land hingegen ist ein Deich ein Schardeich, ein Sommerdeich, ein Winterdeich, ein Achterndeich, ein Kammerdeich, ein Cajedeich, ein Communiondeich, ein Nothdeich, ein Hafedeich, ein Süerdyke, ein Wätterndyke, ein Fluth- oder Ebbedeich, ein Ueberdeich, ein Kesseldeich, ein Schlafdeich, Stick- oder Fleckendeich. Die Altländer haben unzählige Bezeichnungen für ihre Deiche – je nach Standort, Alter, Funktion oder Bauart.

Von Beginn an spielten Deiche eine wichtige Rolle im Alltag eines jeden Bauern. Nach dem Motto »Kein Land ohne Deich und kein Deich ohne Land« hatten alle Landbesitzer ihren Beitrag zum Deichbau und zur Deichpflege zu leisten. Jeder war für sein Stück Deich verantwortlich, das er mit eigenem Geld und eigenen Arbeitskräften in Stand halten, reparieren oder sogar ganz neu bauen musste. Zunächst sorgten die Kolonisten nur für die Deiche, die an ihr eigenes Land grenzten. Bald jedoch zeigte sich, dass das System so nicht funktionierte und ungerecht war: Manche hatte »schwere« Abschnitte, z. B. den stark gefährdeten Schardeich unmittelbar am Wasser oder Abschnitte an Schleusen und Sielen, die mit in Ordnung zu halten waren. Andere hingegen brauchten gar nichts zu tun, weil ihre Grundstücke nicht am Deich lagen.

Deshalb begann man schon im späten Mittelalter mit der sogenannten Kabeldeichung: Jeder Landbesitzer erhielt ein oder mehrere »Kabel« Deich gemäß der Größe seines Besitzes zugewiesen. Länge, Lage und mögliche Siel- und Schleusenrechte wurden in Kabelbüchern festgehalten. Wurde das Land später verkauft, dann nur zusammen mit den dazugehörenden Deichabschnitten, samt Eintrag ins Kabelbuch und den entsprechenden Aufgaben. Ausnahmen wurden nicht gemacht, selbst Pastoren standen für die Kirchengrundstücke in der Deichpflicht.

Die Deichlasten waren umfangreich: Zweimal im Jahr musste man das Gras mähen, immer wieder Unkraut entfernen, Löcher stopfen, für saubere Anschlüsse an Nachbardeiche sorgen und Gräben und Wettern regelmäßig von Schlick befreien. Dazu kamen ein Notgroschen für Sturmfluten und die Pflicht zur Nothilfe, wenn bei Sturmfluten anderswo Deiche in Gefahr waren. Dass diese teure und aufwändige Deichpflege in privaten Händen lag und von den Einzelnen finanziert wurde, war nur deshalb möglich, weil der gewonnene Boden so außerordentlich fruchtbar war und reiche Ernten abwarf.

Jahrhundertelang bedeutete Deicharbeit harte körperliche Arbeit zusätzlich zur Landwirtschaft. Bis Mitte des 20. Jahrhunderts machte man fast alles mit der Hand: Mit Holzspaten und Holzschaufeln grub man die Erde (meist außendeichs) aus, dann transportierte man zu zweit diese ungeheuren Massen schwerer Kleierde, dazu Busch- und Flechtwerk, Grassoden und anderes Baumaterial in Körben auf sogenannten Deichbahren zur Baustelle. Erst in der frühen Neuzeit kamen zwei- und dreirädrige Sturzkarren zum Einsatz, die von Pferden gezogen wurden. Auch das war mühsam und vor allem langwierig, weil die schwerfälligen Pferdefuhrwerke nur bis an den Deich fahren konnten, dort entladen wurden, wendeten und auf demselben Weg zurückkehrten – jeweils nur ein Fuhrwerk zur Zeit. Erst der Einsatz von Schubkarren, eine Erfindung aus Holland, beschleunigte seit dem 18. Jahrhundert den Vorgang erheblich. Jetzt gingen Arbeiter mit vielen Schubkarren hintereinander den Deich hoch. Dort luden sie das Material ab und fuhren die leeren Wagen einfach auf der anderen Seite des Deiches zurück, ohne andere zu behindern. War genug Erde aufgehäuft, wurde diese erst mit Forken bearbeitet, dann mit dem breiten Muldbrett planiert und zuletzt von Menschen und Tieren festgestampft, damit sie sich gut mit dem Untergrund verband. Obendrauf verlegte man dann mit Sodenheber und Grasschneider die Grassoden. Je nach Standort wurden die Deiche zusätzlich mit Flechtwerk oder Steinen verstärkt. Viele dieser unterschiedlichen Handwerkszeuge, Körbe und Sturzkarren sind im Museum Jork zu sehen.

Für einen Meter Elbdeich leisteten 25 bis 30 Männer einen

Tag Schwerstarbeit – bis zu elf Stunden lang. Viel Geld bezahlten die Bauern ihren Tagelöhnern nicht, doch sie sorgten für sehr nahrhaftes Essen, weil die anstrengende Arbeit sonst nicht durchzuhalten gewesen wäre. Schon das Frühstück war gehaltvoll: Es gab Speck, Kohl und Warmbier, bei kaltem Wetter Branntwein.

Trotz der vielen ständigen Arbeit und der zusätzlichen hohen Kosten empfanden die Bauern die Deichpflicht nicht nur als Last. Im Gegenteil. Sie bedeutete einen erheblichen Prestigegewinn. Nicht selten wurden die Kabel wie persönliches Eigentum behandelt. Jeder Deichbesitzer konnte so selbst den Kampf gegen die Naturgewalten führen und das Gefühl erlangen, das Wasser persönlich besiegt zu haben. Im Alten Land waren Bauern nie nur Landwirte, sondern immer auch Deichbauer und -experten. Ihr Fachwissen gaben sie in den Familien von Generation zu Generation weiter. Über die Jahrhunderte hinweg entwickelten die Altländer Bauern ein besonderes Selbstbewusstsein, weil sie ihr eigenes Land nicht nur bewirtschafteten, sondern es selbst erschaffen hatten und im Idealfall selbst schützen konnten.

DEICHRICHTER UND DEICHGEMEINSCHAFT

Ebenfalls nach holländischem Vorbild und ebenfalls schon seit dem Mittelalter wurde das gesamte Deich- und Wasserwesen von den Altländern selbst verwaltet: Aus diesem uralten Gewohnheitsrecht entstanden im Laufe der Jahrhunderte ein hochkompliziertes Regelwerk und eine eigene Gerichtsbarkeit mit Rechten, Pflichten und Strafen. Jede Meile im Alten Land bildete einen Meilenverband bzw. Deichverband, in dem alle Landbesitzer Pflichtmitglied waren. Diese Verbände waren in mehrere Deichrichterschaften unterteilt. An ihrer Spitze standen Deichrichter, denen – als eine Art Aufsichts- oder Verwaltungsrat – jeweils mehrere Deichgeschworene zugeordnet waren. Deichrichter rotierten jährlich. Theoretisch konnte zwar jedes Mitglied gewählt werden, praktisch aber konnte nur der Deichrichter oder Geschworener werden, der über genug Landbesitz verfügte, mindestens 20 Altländer Morgen. Die Deichrichter wiederum wählten für jede der drei Meilen einen Oberdeichrichter, auch er natürlich aus derselben wohlhabenden Schicht. Das Deichwesen im Alten Land war immer schon hierarchisch und oligarchisch organisiert.

Hauptaufgabe des Deichgerichts war die Überprüfung des Deichzustandes. Zwei-, zuweilen dreimal jährlich inspizierte man bei aufwändigen Schauen die Dämme – im Frühjahr, um die Schäden des Winters zu sichten, und im Herbst, um sie vor den großen Stürmen zu rüsten. Wurden Mängel oder Nachlässigkeiten entdeckt, mussten die Kabeleigner diese schleunigst beseitigen. Den Forderungen der Kommission war unbedingt und ohne Zeitverzug Folge zu leisten. Wer das versäumte, konnte zu empfindlichen Strafen verurteilt werden. Sie reichten von Geldbußen oder einem Fass Bier, das dann die Deichverantwortlichen beim rituellen Trinkgelage nach den Kontrollen tranken, gingen über wertvolle Pfänder, die – wurden sie nicht binnen 14 Tage ausgelöst – in den Besitz der Deichbeamten übergingen, bis zu Ehrenstrafen wie der noch 1693 verhängten Strafe der Mistforke, einer Art Pranger. Dabei wurde der Säumige mit einer über seinen Füßen befestigten Mistgabel auf ein spezielles Holz gesetzt und öffentlich Schimpf und Spott seiner Nachbarn preisgegeben.

Dieser detaillierte Katalog von Strafmaßnahmen zeigt allerdings, dass in der Praxis nicht jeder seine Deichabschnitte in Ordnung hielt, entweder weil er schluderte oder weil er dazu nicht in der Lage war. Denn die erforderlichen Reparaturarbeiten fielen meist während der Erntezeit an, wenn Arbeitskräfte und Geld auf dem Hof benötigt wurden. Besonders schlimm war die Situation nach großen Sturmfluten, weil die Deichreparaturen den Ernteertrag eines ganzen Jahres kosten konnten. Manchen Bauern trieb das in den Ruin. Dann kam ein heute archaisch anmutender Brauch zum Einsatz: die Verspatung. Wer seinen Abschnitt nicht mehr unterhalten konnte oder gefährlich vernachlässigt hatte, verlor alles: »Wer nich will diken, mutt wiken!« – »Wer nicht will deichen, muss weichen!« Ein Vertreter des Gerichts stach einen Spaten in den entsprechenden Deich und fragte, wer sich zutraute, das Kabel zu übernehmen. Derjenige, der den Spaten zog, erhielt dann den gesamten Besitz des Säumigen. Und dieser musste samt Familie Haus und Hof innerhalb eines Monats verlassen.

All diese Härten für den Einzelnen, die großen finanziellen Opfer und die immerwährende Schufterei nahmen die Altländer in Kauf, weil sie wussten, was sie ihren Deichen verdankten. »Ein guldten Bandt des Landes« nennt eine alte Chronik die Deiche, ein goldenes Band. Golden nicht nur, weil buchstäblich so viel Geld hineingesteckt wurde, sondern auch, weil die Deiche Voraussetzung des Wohlstands der Menschen und ihrer gesamten Existenz bedeuteten. Die Metapher des Bandes ist noch in einer anderen Hinsicht erhellend. Wie ein Band umschlossen die Deiche schützend das gesamte Alte Land.

In der II. und III. Meile bezeichnete man das Alte Land sogar als Seeburg, deren Mauern bzw. Deiche dem Meer trotzen. Deiche, die die Bewohner selbst gebaut hatten und selbst verwalteten. Solcherart entstand von Anfang ein spezielles und starkes Gemeinschaftsgefühl der Altländer. Für den Historiker Michael Ehrhardt, der über die Deiche im Alten Land geforscht hat, hatten Deiche sogar maßgeblichen Einfluss auf die »kulturelle Identität« des Alten Landes: Sie seien der »Ursprung und Ausgangspunkt von tiefgreifenden wirtschaftlichen, politischen, rechtlichen und kulturellen Prozessen, die das Gesicht des Alten Landes und die Lebensverhältnisse seiner Bewohner bestimmen und bis heute prägen«.

Bis in die Gegenwart haben die Altländer ihre Deichautonomie immer wieder verteidigt. Sogar den schwedischen Besatzern, die das Land nach dem Dreißigjährigen Krieg streng reglementierten, rangen sie ein Traktat ab, das nahezu alle Gewohnheitsrechte der Altländer erhielt. Als Ende des 17. Jahrhunderts die Landesregierungen die Obersten Deichrichter durch Verwaltungsbeamte, die Obergräfen, ersetzten und eigene Wasserbauinspektoren zu Deichschauen schickten, nahmen die Altländer das zwar pro forma hin, unterliefen deren Anordnungen aber ein ums andere Mal. Dabei wurden im Laufe der Zeit die althergebrachte Autonomie und die Kabeldeichung immer dysfunktionaler. Durch Erbschaften, Verkäufe und Neuaufteilungen von Deichstücken wurden die Kabelbücher so unübersichtlich, dass niemand mehr alle Kabeleigner kannte. Manche Abschnitte blieben sogar herrenlos. Keiner konnte mehr die Deichbaumaßnahmen koordinieren. Sich über Modernisierungen und neue Techniken zu verständigen und diese durchzuführen, wurde fast unmöglich. Der Fortschritt im Deichbau fand spätestens seit Beginn des 18. Jahrhunderts anderswo statt, z. B. in Norddithmarschen, wo holländische Unternehmen den Deichbau übernahmen und professionalisierten. Da konnten die ehrenamtlichen Deichbauern im Alten Land nicht mehr mithalten, zumal neue Methoden es hier seit je schwer hatten – so wurde anfangs sogar gegen die Schubkarre Stimmung gemacht. Noch im 20. Jahrhundert wehrten sich die Altländer,

als Politiker nach dem Zweiten Weltkrieg den Deichbau zur Aufgabe des Staates erklärten und großzügige Finanzierung versprachen. Erst nach der großen Sturmflut im Februar 1962 übernahm der Staat endgültig den Deichbau.

Wie sieht es heute aus? Besuch bei Gerd Lefers in Osterjork, Obstbauer in der achten Generation, streitbares Kreistagsmitglied seit 28 Jahren und Deichrichter in der II. Meile. Schon sein Vater war Oberdeichrichter. Immer noch werden die Deichrichter ganz traditionell von der Deichversammlung gewählt, nun allerdings auf fünf Jahre. Zweimal im Jahr inspizieren Lefers und seine Kollegen (immer noch überwiegend Männer) beide Deiche an der Este, einen Lühedeich und natürlich den Elbdeich. Gibt es Trockenrisse? Gibt es Mäuse-, Maulwurfs- oder Karnickellöcher? Gibt es Bäume, die die Grasnarbe beschatten und am Wachstum hindern? Und wie steht's mit dem Unkraut? Disteln zerstören den Untergrund; Löwenzahn ist ungünstig, weil sich die Pflanzen im Winter in den Boden zurückziehen und dann ganze Flächen ohne die wichtige Grasnarbe brachliegen. Vor den Herbststürmen müssen die Risse mit Sand verfüllt, die Löcher mit einem Minibagger zugebuddelt und Bäume beschnitten werden. Gegen das Unkraut setzt man wie in früheren Zeiten auf Vorbeugung: Die Deichrichterschaft beschäftigt einen Schäfer, dessen Schafherde nicht nur das Gras kurz hält, sondern auch das Unkraut wegfrisst. Schafe lieben Löwenzahn und sorgen so für eine dichte Grasnarbe. Vor einigen Jahren tauchte dann eine neue Pflanze und mit ihr ein neues Problem auf: das Jakobskreuzkraut, das wunderschön gelb blüht, jedoch hochgiftig ist und die Leber der Schafe empfindlich schädigen kann, erzählt Lefers, der als Jakobskreuzkrautverantwortlicher im Deichgericht außerordentlich gut über das Gewächs informiert ist. Selbst zur Geschichte des Küstenschutzes im Alten Land hält er aus dem Stehgreif einen druckreifen Vortrag. Der Deichbau mag heute in wichtigen Fragen staatlich organisiert und finanziert werden. Aber wie seine Vorfahren sieht Gerd Lefers Deiche als persönliche Aufgabe und Verantwortung.

III. ÄPFEL, KIRSCHEN UND ANDERE FRÜCHTE

An der Straße von Jork nach Königreich stehen noch einige, am Este-Ufer bilden sie sogar ein kleines Wäldchen: riesige alte Kirschbäume mit dichten dunkelgrünen Blättern und saftigen tiefroten Früchten. Sonst aber dominieren im Alten Land niedere Apfelbäume in schnurgeraden Reihen. Das Alte Land ist heute vor allem Apfelland.

Urkundlich bezeugt ist Obstanbau hier schon seit dem 14. Jahrhundert. Die frühesten Versuche, Pflaumen und Zwetschgen anzubauen, stammten von Klöstern aus Stade, die hier Land besaßen. Kleinbauern, Handwerker, Schiffer, Fischer, Kaufleute und Händler folgten ihrem Beispiel und pflanzten bald überall Obstbäume, auf schmalen Hochlandstreifen an Lühe, Este und Elbe, an Straßen, Böschungen, auf Deichen und Wiesen, neben Getreidefeldern und in ihren kleinen Gärten. Sogar um die Kirchen herum standen einst Apfel-, Kirsch-, manchmal Walnussbäume. Ein guter Nebenverdienst, aber nichts für die reichen Bauern. Die verdienten ihr Geld mit anderem.

Denn die vorherrschende Wirtschaftsform im Alten Land war jahrhundertelang ein »Feld-Gras-Wiesen-System«: Die Bauern hielten Pferde und Rinder, pflanzten Getreide, Kohl und Hanf, der vor allem in Hamburg für Seile sehr gefragt war. Für Meerrettich hatte das Land sogar ein Monopol für die Belieferung von Hamburg, Bremen und anderen norddeutschen Städten. Ebenfalls eine beträchtliche Einnahme, denn Meerrettich war damals das einzige scharfe Gewürz für Fischsaucen und Fleisch, das man im Norden anpflanzen konnte. All das gedieh bestens auf dem fruchtbaren Marschboden und brachte reiche Ernten. Auch für Viehzucht waren die Bedingungen mit den saftigen Weiden und dem gemäßigten Klima das ganze Jahr hindurch besser als in vielen anderen Gegenden. Über die Jahrhunderte wurden die großen Altländer Bauernhöfe sehr wohlhabend. Um weitere Einkünfte brauchten sie sich nicht zu kümmern.

Obstanbau blieb Sache der kleinen Leute. Nebenerwerbsbauern stellten lange Zeit die treibenden Kräfte im Obstanbau und -handel dar, der bereits im 17. Jahrhundert florierte. Sogar bis nach Dänemark, Holland und Norwegen verkauften sie ihr Obst. Wichtigster Abnehmer war Hamburg, das schon früh regelmäßig mit Altländer Früchten beliefert wurde. Ein Indiz für die Bedeutung des Obsthandels ist ein früher Handelskrieg von 1581 bis 1614 zwischen Hamburg und Bremen, der als »Bier- oder Kirschenkrieg« in die Annalen einging. Nach einem Streit verhängten die Bremer ein Importverbot für Hamburger Bier, damals das wichtigste Handelsprodukt der Hanseaten. Die revanchierten sich mit einem Einfuhrverbot von Kirschen aus dem Alten Land, das ja dem Erzbistum Bremen unterstand. Das erste offizielle

Obsthofverzeichnis aus dem Jahr 1657, also kurz nach dem Dreißigjährigen Krieg, kennt bereits 741 Kleinbetriebe mit insgesamt 201 Hektar Fläche. Der stolze und standesbewusste Großbauer pflanzte höchstens einmal einen Apfelbaum neben dem Haus für den Eigenbedarf.

Zu einem merkbaren Aufschwung des Obstbaus kam es erst in der zweiten Hälfte des 19. Jahrhunderts. In den industrialisierten Städten des wilhelminischen Deutschlands wuchs die Nachfrage, auch in Hamburg, weil dort die bürgerlichen Schichten wohlhabender und anspruchsvoller wurden. Obst zählte bis dahin zu den selten verzehrten Genussmitteln, jetzt galt es als vitaminreiches Lebensmittel in der alltäglichen Ernährung.

Dazu kam der große Bedarf der englischen Marmeladen- und Schnapsindustrie an Zwetschgen, Pflaumen und Kirschen. Zeitweilig spezialisierten sich die Altländer deshalb sogar auf den Anbau der saftreichen »Sauren Zwetsche«, die besonders gelierfähig war. Ideal für die Engländer, die Pflaumenmarmelade liebten. Die Sorte war, grün geerntet, gut transportfähig und überstand die Schiffsreisen ohne Kühlung. Zweimal mit Zucker aufgekocht, teuer in schönen Büchsen verpackt, landeten die Altländer Zwetschgen dann als »Sweet Pickles« auf englischen Frühstückstischen.

Die wachsende Bedeutung des Obstanbaus spiegelt sich in der Flächenentwicklung. Wurde Obst 1872 noch auf 600 Hektar angebaut, waren es 1887 bereits 1370 Hektar. 1912 betrug der Anteil des Obstbaus mit 2587 Hektar bereits fast 24 Prozent der gesamten Anbaufläche im Alten Land und war somit zu einem bedeutenden Wirtschaftsfaktor geworden. Daran hatten auch die traditionellen Landwirte ihren Anteil. Denn die Agrarwirtschaft des Alten Landes verlor in diesen Jahrzehnten ihre auf dem fruchtbaren Boden beruhende Vorrangstellung, weil anderswo Kunstdünger und fortschreitende Mechanisierung eine merkliche Erhöhung der Produktion brachten. Jetzt stiegen die Großbauern in das Geschäft ein – mit weitreichenden Folgen für den Obstanbau bis heute. Denn nun wurde alles in ganz anderem Maßstab geplant und koordiniert. Zunächst professionalisierte man die Ausbildung. 1897 wurde in Jork die Kreisobstschule gegründet, in der zukünftige Obstbauern einen Abschluss als Meister machen konnten. Und man modernisierte die Anbaumethoden, zunächst mit großem Erfolg. Dann allerdings wurden die neuen Schädlingsbekämpfungsmittel so großflächig eingesetzt, dass es bereits in den 1920er Jahren zu einem massenhaften Bienensterben und dadurch zu immensen Ernteausfällen kam. Erst umfangreiche staatliche Finanzhilfen konnten den Obstanbau stabilisieren. Davon profitierten allerdings vor allem die Besitzer von Großplantagen. Sie riefen auch 1929 den Obstbauversuchsring ins Leben, der auf wissenschaftlicher Basis Erfahrungen im Obstbau anderer Regionen auswertete, Tipps für bessere Dosierung von Pflanzengiften gab und Ideen für Werbung ent-

wickelte. 1939 konnte im Alten Land eine Rekordernte von 3,1 Millionen Zentnern Äpfel, Birnen, Kirschen, Pflaumen und Zwetschgen eingefahren werden.

Doch während des Zweiten Weltkrieges gingen die Erträge erneut deutlich zurück. Durch Einberufung der meisten Männer zur Wehrmacht fehlten schon seit Kriegsbeginn Arbeitskräfte. Bereits 1939 forderten die Landwirte des Alten Landes Kriegsgefangene für ihre Höfe an. Man bewilligte zunächst 955, später zusätzlich 329 Gefangene, die in Obstscheunen untergebracht wurden. Im gesamten Landkreis Stade (inklusive der Ziegeleien in Borstel und Fabriken in Stade) wurden damals 3731 Kriegsgefangene zum Arbeiten gezwungen sowie eine unbekannte Zahl an Fremdarbeitern vor allem aus Polen und den Ostgebieten. Später stieg dort die Zahl der Kriegsgefangenen und Zwangsarbeiter sogar auf bis zu 7000 Menschen.

Auch wenn Zeitzeugen aus dem Alten Land immer wieder behaupteten, dass sich Zwangsarbeiter und Kriegsgefangene bei ihren Familien wohlgefühlt und immer genug zu essen gehabt hätten, waren diese doch nicht freiwillig da und wurden in vielerlei Hinsicht kontrolliert und schikaniert: Sie mussten ein Abzeichen tragen, persönliche Kontakte zu Deutschen waren strengstens verboten. Wurde eine Liebesbeziehung bekannt, drohte den Männern die öffentliche Hinrichtung, den Frauen Gestapohaft und öffentliche Diffamierung. Keiner der Zwangsarbeiter durfte seinen Arbeitsbezirk verlassen oder öffentliche Verkehrsmittel benutzen. Selbst Fahrräder waren verboten. Der Lohn war minimal, das Essen streng rationiert bei anstrengender körperlicher Arbeit. Viele starben an Hunger oder aus Erschöpfung. Verweigerte jemand die Arbeit oder war nicht mehr imstande dazu, drohte das Konzentrationslager. Von März 1944 bis März 1945 wurden aus dem Landkreis Stade mindestens 27 Zwangsarbeiter ins Konzentrationslager Neuengamme und sechs Frauen ins Konzentrationslager Ravensbrück deportiert. Besonders schlimm waren die Bedingungen für Zwangsarbeiterinnen, die in den Ziegeleien wie in Borstel schuften mussten. Wurden sie schwanger, zwang man sie entweder zur Abtreibung oder nahm ihnen die Kinder weg und steckte sie in ein Heim. An zwölf Kinder, die in einer »Fremdvölkischen Kinderpflegestelle« aufgrund von systematischer Vernachlässigung starben, erinnert seit 2002 ein Gedenkstein auf dem Friedhof von Borstel.

Nach dem Zweiten Weltkrieg veränderte sich der Obstanbau ein weiteres Mal. Bereits in den 1950er Jahren erholte sich das Alte Land wirtschaftlich und erweiterte die Anbauflächen auf 8000 Hektar. Obstbau wurde endgültig zur Monokultur. Heute gibt es in der I. und II. Meile nur noch wenig Milchvieh und Weidewirtschaft, Schweine- und Pferdezucht wurden in den 1960er Jahren völlig aufgegeben. Seither prägen Obstplantagen das Alte Land.

Mit der Übernahme des Obstanbaus durch große Betriebe

veränderten sich die angebauten Sorten. Zwetschgen und Pflaumen, die 1913 über die Hälfte aller Obstbäume im Kreis Jork ausmachten, spielen heute keine wesentliche Rolle mehr. Aufsteiger sind die Äpfel: 1913 betrug ihr Anteil an Obstbäumen nur etwas über 20 Prozent, inzwischen stellen sie 89 Prozent des Bestandes dar. Ihr Vorteil sind bessere Lagerungs-, Transport- und Verarbeitungsmöglichkeiten. Dies gilt allerdings nur für die heute gängigen Sorten wie Elstar, Jonagold, Boskop und Braeburn. Alte empfindlichere, dafür oft geschmacksintensivere lokale Sorten findet man kaum mehr: Paternoster- und Roter Eiserapfel, Borsdorfer und Rotfranch, Goldparmäne, Zuccalmaglios Renette, Altländer und Horneburger Pfannkuchenapfel, Altländer Rosenapfel, Altländer Glocken – um nur einige der vielen zu nennen – werden nicht mehr angebaut. Mit den alten Sorten verschwanden die alten hohen Bäume mit ihren ausladenden Kronen. Sie wurden ersetzt durch mickerige, nur 2,50 Meter hohe und sehr schmale Spindelbäume mit lichter Krone. Ihr Vorteil: Man kann die Äpfel leichter ernten, und sie werfen mehr Ertrag ab. Während früher dreihundert Bäume auf einem Hektar standen, finden jetzt bis zu dreitausend Bäume Platz.

Und die Kirschen?

Das Alte Land war immer Kirschenland, noch um 1900 betrug der Anteil an Kirschbäumen fast ein Viertel des gesamten Obstanbaus. Heute machen sie gerade einmal sechs

Prozent aus. Die meisten Kirschenplantagen liegen dort, wo schon früher vor allem Kirschen angepflanzt wurden, an Este, Schwinge und Lühe, einige an der Elbe. Allerdings sieht es dort heute anders aus als früher. Süßkirschen sind sehr empfindliche Früchte. In der Reifezeit im Hochsommer platzen sie durch starke Regenfälle und Hagelschlag. Werden sie von den Staren, die Kirschen lieben, angepickt, sind sie nicht mehr zu verkaufen. Deshalb setzte man schon in den 1980er Jahren auf kleinere Bäume, die mit Netzen überspannt werden konnten. Inzwischen gibt es zunehmend feste Dachkonstruktionen, wodurch die »Dachkirschen« eine längere, geschützte Reifezeit haben. Landschaftlich sieht das natürlich weit weniger romantisch und schön aus als einst. Doch wenn man sich die alten wilden Kirschbäume an der Este anschaut, versteht man, dass die Bauern heute andere Bäume bevorzugen. Überall zwitschern unzählige Stare, die sich damals durch Lärm, Topfschlagen und Warnschüsse nur kurzzeitig vertreiben ließen. Was dann an Kirschen übrig blieb, musste mit hohen Leitern geerntet werden, die bis zu vierzig Sprossen hatten – im Erdgeschoss des Jorker Museums hängt ein solches Exemplar unter der Decke. Würde man selbst auf so eine wacklige und gefährliche Weise Obst ernten mögen? Die Knubber- oder Knupperkirschen, die unter Dächern wachsen, schmecken sicher nicht mehr so wie einst, lecker sind sie dennoch.

IV. SCHIFFER, EWER, LÜHEJOLLEN

Jahrhundertelang war der Borsteler Hafen ein lebendiger Umschlagplatz für Obst, Ziegelsteine, Getreide, Schnaps und Vieh. Zwei Fähren, die Borstel I und Borstel II, verkehrten täglich mit dem nahen Hamburg. Von hier aus fuhren Segelschiffe und später Frachtdampfer sogar bis hoch nach Skandinavien und St. Petersburg. Doch 1970 kam das Aus. Nach der Sturmflut 1962 wurde die Deichlinie verlegt – von da an gab es keinen direkten Elbzugang mehr. Der Hafen verkam und wurde zum Niemandsland.

Das Alte Land war immer schon Wasser- und Schifffahrtsland, aller Verkehr und Transport fanden von Beginn an auf dem Wasser statt, auf Elbe, Schwinge, Este, Lühe, auf Wettern und Kanälen. Die vielen Wasserwege waren ein Standortvorteil des Alten Landes gegenüber anderen landwirtschaftlichen Gebieten. Über die nahe Elbe konnte man große Häfen und Städte wie Hamburg gut erreichen, auf der Nordsee war man schnell bei günstigen Winden und Gezeiten. Als längst überall Straßen existierten, hatten die meisten Altländer Bauernhöfe noch einen eigenen Bootsanleger für den Transport ihrer Erzeugnisse.

Klar, dass es da eine eigene Schifffahrt im Alten Land gab. Bereits 1790 waren über dreihundert Boote registriert, in der Blütezeit der Altländer Schifffahrt um 1845 hatten fast

500 Schiffe ihren Ankerplatz in den Elbhäfen Borstel, Cranz, Grünendeich, Twielenfleth oder in einem der kleinen Häfen an Lühe und Este.

Altländer Schiffer fuhren nach Holstein, Dänemark und Mecklenburg, kauften auf eigene Rechnung oder für einen Reeder Getreide an der Eider oder Fische in Blankenese und brachten sie nicht nur ins Alte Land, sondern auch zu anderen Elbhäfen.

Hauptsächlich führten die Altländer jedoch Obsttransporte durch. Manche Strecken fuhren sie täglich, Hamburg beispielsweise wurde bis ins 20. Jahrhundert hinein zur Erntezeit täglich per Boot mit frischem Obst beliefert. Nach Feierabend stellten die Bauern ihre Körbe mit frisch geernteten Kirschen oder Äpfeln auf ihre Anleger. Siebzig solcher Anlegestellen gab es zum Beispiel allein an der Lühe. Zwischen 18 und 19 Uhr kam dann der Schiffer (jeder hatte einen bestimmten Bezirk) und lud Anleger für Anleger die Obstkörbe auf sein Schiff. War alles eingesammelt, ging es auf die Elbe Richtung Hamburg. Je nach Gezeiten und Wind erreichten die Boote gegen Mitternacht in Hamburg die Kehrwiederspitze, neben der heute die Elbphilharmonie thront, und legten dort an. Dann entluden Kapitän und Mannschaft (meist nur ein Schiffsjunge) die Körbe in der Nacht und schliefen bis zum frühen Morgen, bevor sie sich, jetzt mit Waren vom Hamburger Markt für das Alte Land, auf den Rückweg machten.

Gängiger Schiffstyp war der Ewer, ein solider Segelkahn aus Holz mit wenig Tiefgang, der seit dem Mittelalter im gesamten Nordseebereich vorkam. Weit verbreitet war im Alten Land auch die Lühejolle, die hier erfunden worden ist: ein Boot, das mit seiner geringen Größe und einem Tiefgang von nur einem Meter bestens geeignet für flache Gewässer und dazu sogar hochseetauglich war. Lühejollen transportierten im 19. Jahrhundert die in England begehrten Zwetschgen täglich nach London, Manchester und Liverpool. Die Fahrt dauerte 36 Stunden. Hamburger Händler, Altländer Schiffer und Bauern teilten sich das risikoreiche Geschäft. Als sich um 1900 maschinenbetriebene Frachter durchzusetzen begannen, gab es immer noch hundert Lühejollen.

Gebaut wurden sie wie die Holz-Ewer auf Werften im Alten Land, die an Lühe und Este lagen. Handwerksbetriebe, die anfangs nur wenige Werkzeuge benötigten: Hobel, Sägen, Stemmeisen. Seit Beginn des 20. Jahrhunderts gaben diese Kleinbetriebe nach und nach auf, weil sie mit dem technischen Wandel nicht mithalten konnten. Nach dem Zweiten Weltkrieg überlebte nur die Sietaswerft, die schon 1635 in Neuenfelde gegründet worden war. Die Werfteigner hatten rechtzeitig investiert und modernisiert, 1966 stiegen sie sogar als weltweit eine der ersten in den Containerschiffbau ein. Die Werft existiert bis heute – allerdings befindet sie sich seit 2014 in russischer Hand.

JOHANNA

RUDOLF z. FELDE
GRÜNENDEICH 59
H-J.W.

Die Altländer Transportschifffahrt lohnte sich bis zur Mitte des letzten Jahrhunderts. Selbst dann wurde noch viel per Schiff befördert, wie die Kassenbücher des Esteschiffers Gustav Bäcker zeigen: Bis 1949 transportierte er »Gerste, Weizen, Mais, Mehl, Zucker, Kleie, Kükenfutter und Saatgut, aber auch Ziegelsteine, Sand, Kohle, Dünger, Holz und Äpfel in Säcken« von Buxtehude nach Hamburg und umgekehrt. Nach dem Zweiten Weltkrieg wurde die Konkurrenz durch Lastwagen und Eisenbahn zu stark, 1961 fand die letzte Obstfahrt eines Altländer Ewers von der Lühe über den Borsteler Hafen zum Großmarkt in Hamburg statt.

Doch ohne die Schiffer wären die Altländer nicht so reich geworden: »Ohne ihren Unternehmungsgeist und ihren Wagemut hätten die Bauern – Hausleute und Eigentümer – in den Zeiten, als es noch keine befestigten Straßen gab, ihre überschüssigen Produkte – ob nun Getreide, Meerrettich, Hanf oder Obst – nicht gewinnbringend an zahlungswillige Kunden bringen können«, so Margret Barvels im *Jahrbuch des Altländer Archivs*.

ESTEBRÜGGE

Die Schifffahrt prägte im Alten Land ganze Dörfer wie zum Beispiel Estebrügge. Um 1900 lebten hier neben Handwerkern und Kleinbauern bis zu sechzig Schiffer – mehr als ein

Drittel der Dorfbewohner. Viele Seeleute hatten sich seit Generationen in der Ortschaft niedergelassen, ihre Häuser standen eng aneinandergedrängt auf oder neben dem Deich. Sowohl im Vergleich zu heute als auch zu den riesigen Bauernhöfen der Altländer damals waren sie winzig. Oft lebten zwei Familien bzw. drei Generationen unter einem Dach in einer Stube, einer Küche und einer Kammer. Die Ehemänner und die älteren Söhne waren ja die meiste Zeit fort.

Das Dorfleben war ganz vom Rhythmus der Seefahrt bestimmt und fand vor allem im Winter statt, wenn die Boote wegen Eis und Sturm nicht auslaufen konnten. Bis zu sechzig Ewer sollen zeitweise hier vor Anker gelegen haben, und dann dominierten die Schiffer mit ihren Mützen das Ortsbild. Hochzeiten feierte man nicht wie bei den Bauern im Frühjahr, sondern zwischen November und Februar. Kinder kamen dann im September, Oktober oder November zur Welt. Getauft wurden sie dann meist erst kurz vor Weihnachten, wenn die Väter und männlichen Verwandten von der See zurückgekehrt waren. Auffällig ist die Vorliebe der Schifferfamilien für extravagante Vornamen. Wer Alwine, Henriette, Elise, Mary, Betty, Nancy, Nicoline oder Hermine hieß, war mit Sicherheit keine Bauerntochter.

Vielleicht wollten sie so ihre Weltläufigkeit demonstrieren, denn viele der Seeleute fuhren auf Hochseeschiffen. Zwischen 1860 und 1875 gab es allein in Cranz vierzig Kapitäne auf großer Fahrt. Sie umsegelten Kap Horn und kämpften sich durch das Eismeer. Manche blieben jahrelang fort. Andere kehrten nie zurück, galten als verschollen oder fanden ihren Tod im Meer. Erstaunlicherweise ertranken immer wieder Bootsleute in heimischen Gewässern, starben bei Eisgang auf der Elbe oder gingen bei Sturm über Bord, wie im Kirchenregister von Estebrügge nachzulesen ist. Bis zum Beginn des 20. Jahrhunderts waren die meisten Altländer Nichtschwimmer.

Was blieb von der Schifffahrt im Alten Land?

An der Este kultivierte man früh eine besondere Gastlichkeit, die schon die Seefahrer geschätzt hatten. Bereits im 19. Jahrhundert befanden sich an der Este unzählige Gaststätten, Tanzlokale und Restaurants. Zwischen Buxtehude und Cranz konnten Ausflugsboote an siebzehn Anlegern festmachen. Allein in Estebrügge luden neun Gastwirtschaften – zum Teil mit schönem Garten direkt an der Este – zu Finkenwerder Scholle oder Altländer Apfelkuchen. Übernachten konnte man im berühmten Hotel »Weinkeller«.

Heute findet man in Estebrügge selbst nicht einmal mehr ein Café, viele der alten Häuser sind verlassen. Als 2015 die Traditionsbäckerei Feldtmann nach 180 Jahren schloss – sie stand an der immer noch handbetriebenen Brücke über die Este –, sagten viele schon das Ende dieses liebenswürdigen Städtchens voraus.

Dass es nicht so kam, ist einigen Altländer Bürgern zu verdanken. Seit Anfang 2016 bietet das türkische Ehepaar

ANNEMARI
ANNEMARIE

Atli, das in seinem Este-Markt nahe der Brücke neben Erdbeeren aus der Region türkisches Gebäck und Pizza verkauft, Brötchen und Brot aus einer Bäckerei in Steinkirchen an. Und auch die Räume der ehemaligen Bäckerei sind wieder belebt, seit die »Brückenbäckerei«, eine örtliche Initiative, sie renovierte und regelmäßig Veranstaltungen dort anbietet. Im Sommer lädt sie alle vierzehn Tage im Sonntagscafé zu Kaffee und Butterkuchen. Es ist zwar nicht mehr der berühmte der Feldtmanns, ist aber selbst gebacken und schmeckt hervorragend. Wenn dann ein kleines Ausflugsschiff auf der Este vorbeituckert, bekommt man eine Ahnung davon, wie es hier vor hundert Jahren zugegangen sein mag.

Auch im ehemaligen Hafen von Borstel hat man sich erfolgreich gegen den Verfall gestemmt. Ein rühriger Verein hat seit 2003 einen kleinen Museumshafen mit einem Museumsschiff, der »Annemarie«, eingerichtet. Ihr wechselvolles Schicksal kann man auf einer der vielen Schautafeln zur Geschichte des Hafens erfahren. Wer nicht selbst lesen mag, kann sich das alles in einer »Apfelkiste« von einheimischen Sprechern vorlesen lassen. Dazu die Geschichte des Alten Landes als plattdütsches Gedicht »Dat Ole Land«, so ausdrucksvoll vorgetragen von Thea Schliecker, dass auch wir nicht des Plattdeutschen Kundigen sie verstehen. Essen kann man sehr gut in der nahen Borsteler Mühle, der Aurora. Von der Galerie blickt man landeinwärts über gepflegte Obstplantagen und Felder bis zur Stadt Jork. Zur anderen Seite hat man freie Aussicht bis zur Elbe, der einst so wichtigen Wasser- und Handelsstraße für das Alte Land.

V. FASSADEN, TÜREN, GIEBEL: ALTLÄNDER BAUKUNST

DIE FASSADEN

Wie viel man aus Wenigem machen kann! Zwei Materialien, Holz und Backstein, zwei Farben, Weiß und Rot: Das sind im Wesentlichen die Gestaltungselemente der Fachwerkfassaden im Alten Land, selten kommen andere Farben dazu. Doch was für ein Variantenreichtum! Mosaiken aus Backstein in Form von Rauten, Karos, Quadraten, Lisenen, Zickzackbändern, Dreiecken oder Fischgrätmustern, manchmal sogar stilisierte Windmühlen schmücken die traditionellen Bauernhöfe. Keine Front gleicht der anderen – jeder Bauer legte seinen ganzen Stolz in die Ausgestaltung seines Hofes, wenigstens zur Straßenseite hin.

Die Fassaden der Altländer Häuser, auch Prunkgiebel genannt, sind Kunstwerke eigenen Ranges, die sich nicht vor Vergleichen mit italienischen Renaissance- oder Barockpalazzi verstecken müssen. Die Namen ihrer Erbauer kennen wir anders als in Italien zwar nicht, aber sie müssen Meister ihres jeweiligen Faches gewesen sein. Zum Beispiel die Maurer, die Backsteine unterschiedlicher Größen und Rotschattierungen so verarbeiten konnten, dass sie wie ein zart gewebter Teppich wirken, das sogenannte Buntmauerwerk.

1868
1948 Karl Mohr
Vör Füersnot und Water schaden, bewahr o Herr min Hus in Gnaden.

Dazu mussten sie die Ziegel halbieren oder vierteln – eine heikle Arbeit, leicht konnte dabei die äußere Schicht abplatzen – und sie vorsichtig wieder zusammensetzen. Die Holzarbeiten sind ebenfalls hohe Handwerkskunst, die sich vor allem an den Vorkragungen zeigt. Das sind geschwungene Vorsprünge, ursprünglich angebracht, weil sie den Regen leichter abtropfen lassen. Gleichzeitig konnte man mit ihnen bei Sonnenschein interessante Schattenwürfe erzielen. Dass die Vorkragungen Holzschnitzern und Malern Gelegenheit zu Ausschmückungen und Verzierungen boten, versteht sich fast von selbst.

An der Art der Holzverwendung können wir erkennen, aus welcher Zeit und Stilepoche die Häuser stammen: Die wenigen Häuser im Renaissancestil, die den Dreißigjährigen Krieg überstanden, besitzen starke Vorkragungen und verschwenderisch eingesetzte hölzerne Dekorationselemente. Gut zu sehen ist dies an den beiden ältesten Häusern im Alten Land: Der Hof Guderhandviertel 50 aus dem Jahr 1618 prunkt mit viel weißem Holz, das kleine ältere Altenteil (1587) daneben ist schlichter, besitzt jedoch starke Vorkragungen. Ab 1620 tauchen die ersten barocken Fassaden auf. Die hölzernen Vorsprünge sind noch deutlich zu sehen, außer für das Fachwerk wurde sonst kein Holz mehr verwendet. Dafür bemalte man die Vorkragungen in verschiedenen Farben und brachte Inschriften und Sinnsprüche in kostbarem Gold an. Ein besonders schönes Exemplar aus dieser

Zeit ist der Hof Palm in Neuenfelde Nr. 9 aus dem Jahr 1660. Bereits um 1800 verzichteten erste Häuser ganz auf Vorkragungen, ab 1830 setzten sich überall die schlichten Fassaden des Klassizismus durch wie beim Wohnhaus in der Buxtehuder Straße Nr. 24 in Königreich, das 1836 gebaut wurde.

Eines gilt für alle traditionellen Bauernhöfe bis Ende des 19. Jahrhunderts: Egal aus welcher Epoche sie stammen, die Fassaden wirken selbst im Barock nicht überladen und auch mit filigranstem Buntmauerwerk klar strukturiert. Das mag mit der Vorliebe der Altländer für gerade Linien, für Geometrie und Symmetrie zu tun haben – und mit der Kunst der Handwerker, die überall den Goldenen Schnitt anwandten. Deshalb bieten nebeneinanderstehende Häuser selbst aus verschiedenen Zeiten ein harmonisches Gesamtbild. Jahrhundertelang bezog man sich auf eine gemeinsame Bautradition, verfuhr »intuitiv« (so jedenfalls Architekturforscher Dieter-Theodor Bohlmann in einem Ausstellungskatalog zur Altländer Baukunst) und veränderte nur »maßvoll«. Alles beruhte auf Erfahrung und »alter Sitte«. Lange richtete man sich im Alten Land nach demselben bewährten Prinzip.

Erst in der zweiten Hälfte des 19. Jahrhunderts änderte sich das. Moderne Baumethoden und Baustoffe wie Zement und Eisen sowie die aufkommende industrielle Fertigung von ganzen Fassadenabschnitten und Dekorationsteilen machten das Bauen schneller und preisgünstiger. Die Häuser bekamen jetzt neue Schmuckelemente, z. B. tropfenförmige

Gebilde unter dem Dach, Ziergiebel über dem Fenster, imposante Veranden und zierliche Säulchen vor dem Eingang. »Hamburger Säulenportale« heißen diese nicht zu Unrecht, denn die wohlhabenden Altländer Bauern orientierten sich damit an den Portalen der großen Patriziervillen der Hansestadt – ein herausfordernder Gruß über den Fluss an die Elbchaussee: »Wir sind nicht nur reich wie Ihr, sondern ebenso gebildet!« Viele – gerade Hamburger – sehen in ihnen Fremdkörper in der Häuserlandschaft des Alten Landes. Das sind sie. Doch trägt nicht jedes Bauwerk, ob in Hamburg oder im Alten Land, ob bewusst oder unbewusst, immer Spuren früherer Zeiten und anderer Kulturen wie auch die Säulenportale dies- und jenseits der Elbe, die von griechischer und römischer Antike inspiriert sind?

BRAUTTÜREN UND PRUNKPFORTEN

Wer darf hinein, wer nicht, wer ist willkommen? Türen sind Übergänge von außen nach innen, vom Öffentlichen zum Privaten. Sie erzählen etwas über das Selbstverständnis der Hausbewohner, über ihre Ängste, ihr Sicherheitsbedürfnis, über ihre soziale Stellung, ihren Reichtum und über die Funktion des Gebäudes. Im Alltag haben sie vor allem einen praktischen Zweck: Durch sie geht man hinein und durch sie geht man hinaus.

Das aber war in einem Altländer Bauernhaus nicht so leicht möglich. Denn das kunstvoll geschnitzte Portal an der Hauptfassade besaß keinen Türgriff und war normalerweise verschlossen. Diese sogenannte Brauttür wurde ausschließlich zu drei Anlässen geöffnet: Wenn der Hofbesitzer bei der Hochzeit seine junge Braut über die Schwelle trug, wenn ein Brand ausbrach und wenn jemand starb und der Tote feierlich hinausgetragen wurde. Eine Tür also mit (fast) rein symbolischer Bedeutung. Nur in existentiellen Situationen wurde sie benutzt, beim Übertritt in einen neuen Lebensabschnitt, bei lebensgefährlichen Katastrophen und beim Tod. Und noch etwas ist auffällig: Stets geht es um Besitz und Reichtum. Bei der Hochzeit brachte die Braut ihre Aussteuer in einer Mitgifttruhe mit, die direkt in der Kofferkammer hinter der Tür verstaut wurde, um im Unglücksfall zusammen mit den anderen hier deponierten Familienwertsachen schnell gerettet werden zu können. Und beim Tod war es der symbolische und reale Abschied von den irdischen Gütern, von Reichtum und Wohlstand, die der Tote hinter dieser Tür zurücklassen musste, wenn er zum Friedhof und damit in das Reich Gottes getragen wurde.

Erhalten haben sich nur wenige klassische Brauttüren (wie z. B. beim bereits erwähnten Hof Palm oder beim Bauernhaus in der Stellmacherstraße 14 in Nincop aus dem Jahr 1779). Die meisten wurden im Zuge der Umbauten im 19. Jahrhundert in Haustüren umgewandelt, was ja praktischer war. Die ursprünglichen Brauttüren erzählten jedoch weit mehr über ihre Bewohner. Sie erzählten nicht nur davon, wie viel ihnen Besitz und Reichtum bedeuteten, sondern auch von ihrem Wissen über die Vergänglichkeit alles Irdischen, dem sie eine ganz eigene künstlerische Form gaben. Die eigentlichen Hauseingänge hingegen, die sogenannten Blangendören an der Seite des Gebäudes, die man im Alltag benutzte, waren meist sehr schlicht.

Türen ohne wirkliche praktische Funktion müssen auf die Altländer eine besondere Faszination ausgestrahlt haben, wie man an einem anderen Beispiel sieht, den Prunkpforten. Die imposanten Hofeinfahrten aus Holz mit einem eigenen Dach hatten – wie der Name schon sagt – vor allem eine Aufgabe: den Reichtum des Besitzers zu demonstrieren.

Die erste Prunkpforte ließ Probst von Finkh 1683 für seinen Quast-Hof in Nincop bauen. Die anderen Bauern mokierten sich zwar darüber und nannten den Hof fortan Puurten-Quast – Prunkpforten-Quast. Sein Nachbar in der Stellmacherstraße 41 zog aber sofort nach und baute eine ganz ähnliche Einfahrt. In der I. und II. Meile fanden die aufwändigen Torkonstruktionen ebenfalls rasch Nachahmer. Das Alte Land hatte sich damals gerade vom Dreißigjährigen Krieg erholt, der hier zwar nur kurz, dafür heftig gewütet hatte. Reichsmarschall von Pappenheim hatte 1632 mit seinen Truppen überall Feuer gelegt, Kirchen geplündert und zerstört und 250 Bauernhöfe ausgeraubt und niedergebrannt.

Als es dem Alten Land nach Jahrzehnten endlich wieder wirtschaftlich besser ging, baute man die Höfe wieder auf – und oft sogar weit prunkvoller. Viele der barocken Bauernhäuser, die heute noch stehen, stammen aus diesen Jahren, in denen die Kirchen ebenso prächtig renoviert wurden. Von überall her kamen die Handwerker, aus Hamburg, Mitteldeutschland und Siebenbürgen. Besonders aufwändig wurde die Neuenfelder Kirche St. Pankratius wieder hergerichtet, in der Herr von Finkh als Probst wirkte. Sogar eine neue Orgel leistete man sich, gebaut wurde sie vom berühmten Arp Schnitger, der seine besten Gesellen, Orgelbauer, Zimmerer, Tischler, Holzbildhauer und Maler mitbrachte. Vielleicht haben deren Arbeiten Herrn von Finkh zu einem eigenen Auftrag inspiriert, vielleicht hatten die Handwerker selbst die Idee, ihr Können an so einem Schmuckportal zu zeigen. Die Gestaltung der Prunkpforte weist jedenfalls einige Ähnlichkeit mit den Holzarbeiten in der Kirche auf.

Das Konstruktionsprinzip der ersten Neuenfelder Prunkpforte wurde von allen andern übernommen: eine große Wagendurchfahrt für Pferdegespanne mit einer kleinen Schlupfpforte für die Fußgänger, die auf soliden Balken ruht – alles aus witterungsbeständigem Eichenholz, meist strahlend weiß (selten grün) gestrichen. Vor Regen und Sturm schützt ein Ziegel- oder Reetdach. Über den eigentlichen Türen befindet sich ein kunstvoll gestaltetes und farbig bemaltes Kopfstück mit gedrechselten Säulchen. Gut sichtbar prangen am Tor-

ch so groff. hool fast an dien Ege
Otto Palm
1980

bogen ein Spruchband und ein Schild mit Namen des stolzen Besitzers und der Jahreszahl der Erbauung oder Renovierung. Darunter Weintrauben, die Fruchtbarkeit symbolisieren, rote Löwenköpfe rechts und links davon sollen als Türwächter das Böse abwehren.

Die reichen Altländer Bauern waren ganz verliebt in ihre Prunkpforten, die nicht nur Prestigeobjekte, sondern auch so etwas wie Kunstgegenstände waren. Als der Bauer aus der Stellmacherstraße 41 im Jahr 1809 in Geldnöte geriet, ersteigerte der Besitzer des Hofes Palm das kostbare Stück. Dort ist die zweitälteste Prunkpforte des Alten Landes bis heute zu sehen. Viele der aufwändigen Tordurchfahrten wurden im 20. Jahrhundert abgerissen, weil sie zu klein für moderne Mähdrescher waren. Nur noch zwölf stehen an ihrem ursprünglichen Ort. Inzwischen schätzt man sie wieder, einige wurden sogar neu gebaut. Topgepflegt stehen sie wie prächtige Theaterkulissen in der Landschaft. »Unsere Schönen« nennt man sie voller Stolz – und wie bei allem im Alten Land ist die Schönheit immer auch Ausdruck des (einstigen) Wohlstands.

WOHNEN UND ARBEITEN

Um in das Jorker Museum zu gelangen, muss man am gesamten Gebäude entlanggehen und das riesige Hoftor, die

Grootdör, auf der Rückseite benutzen. Dabei bemerkt man erst, wie groß so ein Bauernhaus ist. Das Museum, in einem typischen vollständig restaurierten historischen Hof aus dem Jahr 1723 untergebracht, ist 35 Meter lang. Andere Häuser hatten sogar eine Länge von 45 Metern. So viel Platz wurde gebraucht, denn der Altländer Hof ist ein Wirtschaftsbau, in dem Mensch und Vieh nebeneinander lebten, Heu gemacht und Vorräte gelagert wurden. Der Wohnbereich fiel demgegenüber – vor allem in den ältesten Höfen – sehr klein aus. Die gute Stube war zwar mit fein gedrechselten schweren Möbeln ausgestattet, aber meistens verschlossen und wurde nur für Besuch geöffnet. Daneben lagen das Kofferfach mit den Wertsachen und die winzige Schlafkammer für die ganze Familie. Bequem und wohnlich war es früher in diesen Häusern nicht, viel Freizeit hatten selbst die reichen Bauern und ihre Frauen nicht. Wenn man nicht auf dem Feld arbeitete, hielt man sich entweder im Flett auf, der offenen Küche mit Herd, oder in der großen Diele zu landwirtschaftlichen Arbeiten. Daran grenzte der offene Stall mit dem Vieh, was im Winter zusätzlich für etwas Wärme sorgte. Auf dem Dachboden lagerten Heu und Saatgut.

Wie anderswo in Niedersachsen waren die Altländer Höfe meist Zweiständerhäuser. Auf zwei Reihen stabiler Eichenholzständer erhob sich eine ebenso stabile Konstruktion aus vielen verschiedenen schrägen Holzteilen, die so miteinander verbunden wurden, dass auf ihnen allein das mächtige

Satteldach aus Reet ruhte. Nirgendwo gab es tragende Wände aus Mauern, auch die Fassade war nur eine Schaufront. Wind, Regen und Nagetiere konnten zwar das Mauerwerk angreifen oder sogar zerstören, die Balken aber hielten selbst hohen Sturmfluten stand.

Dreihundert Jahre muss eine Eiche wachsen, bis man sie zum Hausbau verwenden kann. Dann ist ihr Holz witterungsbeständig und bietet besonders haltbare Balken und Pfosten. Aus diesem soliden Stoff bestehen die Bauernhäuser im Alten Land. Da in den Elbmarschen keine Wälder wuchsen, wurden die Baumstämme einst von weit her, aus dem Erzgebirge, dem Elbsandsteingebirge oder dem Harz, herbeigeschafft. Dann folgte eine wochenlange mühselige Vorbereitung, bevor man mit den Bauarbeiten loslegen konnte. Die Hölzer wurden auf verschiedene Weise so miteinander verzapft oder verzahnt, dass sie ganz ohne Stahlnägel oder Leim zusammenhielten. Das bewirkte eine außerordentliche Standfestigkeit des Gebäudes und war nebenbei sehr nachhaltig. Allein das ist schon große Handwerkskunst.

RÄTSELHAFTE GIEBELKUNST: ESTESCHWAN UND LÜHESCHWAN

Es sind seltsam ornamentale Gebilde, filigrane Holzwerke, die Giebelzierden, die hoch oben auf den Reetdächern schweben. Erst auf den zweiten Blick erkennt man zwei Schwäne, deren Schnäbel die Brust berühren, manchmal tragen sie ein Herz im Schnabel. Meist sind sie einander zugewandt, nur auf wenigen Dächern drehen sie sich nach außen. Die Hälse sind anmutig, manchmal fast kreisförmig gebogen, darin verbergen sich oft andere Ornamente, zum Beispiel Tulpen.

Einige Höfe schmücken zwar auch zwei Pferde oder ein Donnerbesen wie sonst in Niedersachsen üblich, doch »der Schwan ist die charakteristische Giebelzier des Alten Landes«, so Bernd Köhler und Hans Riediger. In allen drei Meilen gibt es Giebelschwäne, überall sehen sie ein wenig anders aus, am auffälligsten sind die Farbunterschiede. Der Lüheschwan in der I. und zum Teil in der II. Meile und am Elbrand ist weiß, der Esteschwan in der III. hingegen grün. Eine – mal grüne, mal weiße – Mischform hat sich in der II. Meile zwischen Lühe und Este in Borstel, Ladekop oder Jork herausgebildet. Die ältesten und schönsten Giebelschwäne schmücken die Häuser in Estebrügge. Rätselhaft sind sie alle.

Ihren Ursprung haben die Schwanengiebel wahrscheinlich in Holland, wo es ähnliche Motive in der Provinz Westfriesland gibt. Man vermutet, dass schon die frühen Kolonisten den Schwan als eine Art Stammeszeichen mitgebracht hatten.

Doch was sollen sie bedeuten? Manche Kunsthistoriker

interpretieren sie als religiöse Symbole im Anklang an das Motiv des Pelikans, der sich das Herz aus der Brust reißt und damit seine Jungen nährt – eine Anspielung auf den Opfertod Jesu. Manche Forscher sehen in den einander zugewandten Schwänen ein Herz – Zeichen für Treue, Liebeskraft und Loyalität, denn Schwäne bleiben lebenslang mit einem Partner zusammen.

Seit alters her waren Schwäne an den Küsten bekannt. Der Singschwan, in Norddeutschland früher auch Wilder Schwan genannt, brütete im hohen Norden und verbrachte die Winter an deutschen Küsten oder Binnengewässern. Kein Zufall, dass die Vögel in der nordischen Mythologie und in Märchen eine große Rolle spielten. Der Fortzug der Schwäne und ihre regelmäßige Wiederkehr korrespondierten mit dem Lauf der Sonne im Jahr, deshalb galt der Schwan als Sonnenvogel. Aufgrund ihrer Schönheit und der weißen Farbe verkörperten Schwäne Unschuld und Reinheit. Ihren eigenartigen Gesang kurz vor dem Sterben hielt man für Musik aus dem Jenseits. Deshalb galten sie auch als Seelenvögel der Verstorbenen, und man schrieb ihnen Wahrsagefähigkeiten zu.

Eine eindeutige Funktion – wie zum Beispiel bei den Donnerbesen, die Unheil und Böses von den Häusern abwenden sollten – kann man den Schwänen im Alten Land nicht zuweisen. Als vieldeutige Zeichen künden sie von fremden Ländern, ob von Holland oder Gegenden hoch im Norden, und von fernen Zeiten, ob Mittelalter oder mythischer Vorzeit. Ihr ornamentaler Formenreichtum ist singulär im Alten Land, das sonst die gerade Linie schätzt. Im Giebelschwan ganz oben auf dem Haus findet die Altländer Baukunst ihr poetischstes Zeichen.

VI. BACKSTEINKIRCHEN UND ARP-SCHNITGER-ORGELN

DIE KIRCHEN

Einige Kirchen wurden bereits 1221 erstmals urkundlich erwähnt, die ursprünglichen Bauten gibt es aber längst nicht mehr. Einzig der Turm der Kirche St. Mauritius in Hollern in der I. Meile stammt aus der Zeit der Hollerkolonisation. Der 25 Meter hohe Rundturm ist das älteste erhalten gebliebene Gebäude im Alten Land und ein imposantes Zeugnis der Bauleistungen der frühen holländischen Siedler. Der Kirchenbau selbst allerdings datiert wie alle anderen im Alten Land aus viel späteren Zeiten. Immer wieder wurden Kirchen abgerissen, neu auf- und umgebaut und restauriert, weil sie baufällig waren, manche wurden im Dreißigjährigen Krieg stark zerstört. Besonders viele Bauten, die heute noch stehen, stammen aus dem 17. und beginnenden 18. Jahrhundert wie St. Martin in Estebrügge, St. Matthias in Jork oder St. Pankratius in Neuenfelde.

Von außen präsentieren sich alle zehn Gotteshäuser im Alten Land protestantisch bescheiden: roter Backstein, kaum Bauschmuck. Innen jedoch entfalten insbesondere diejenigen, die im Barock neu errichtet wurden, einen gewissen Prunk mit geschwungenen Formen, reichen Holzschnitze-

reien, Golddekorationen und imposanten Emporen. Kostbare goldene oder silberne Leuchter hängen unter sternenverzierten blauen Holzdecken, die die Weite des Himmels symbolisieren. Manche Kirchen verfügen über einen besonderen Extraeingang für Hochzeitspaare und aufwändig ziselierte Brautstühle.

Doch die eigentlichen Schätze der Altländer Kirchen sind ihre Orgeln. Acht der zehn Kirchen besitzen Orgeln, die der berühmteste Orgelbauer des Nordens, Arp Schnitger (1648-1719), gebaut, restauriert oder ergänzt hat. Nirgendwo sonst auf der Welt findet sich eine solche Dichte an Schnitger-Orgeln.

GESCHICHTE DES ORGELBAUS IM ALTEN LAND

Orgeln gab es im Norden schon seit dem 14. und 15. Jahrhundert, allerdings nur in Bischofs- oder Wallfahrtskirchen und in den reichen Städten. Die Instrumente sind teuer, das Material – Holz und Metall – muss herbeigeschafft werden, die vielen Klangkörper brauchen Platz und beständige Wartung. »Purer Luxus«, so der Orgelforscher Konrad Küster, »wenn auch zur Ehre Gottes.« Solchen Luxus leisteten sich vor allem die weltläufigen Hamburger Kaufleute gern: Die Stadt verfügte bereits im 15. Jahrhundert über mehrere Kirchen mit eigenen Orgeln. Kein Instrument weist eine solche

Klangfülle und ein solches Klangspektrum auf und macht dazu optisch viel her. Orgeln sind Musik- und gleichzeitig Baukunstwerke und damit gut geeignet für das Repräsentationsbedürfnis reicher Stadtbürger.

Das muss die Altländer Bauern, die durch ihren Handel in regelmäßigem Kontakt zu Hamburg standen, beeindruckt haben. Solche Instrumente zu Ehren Gottes wollten sie ebenfalls, diese wunderbare Musik wollten sie in ihren eigenen Kirchen hören! Im Unterschied zu ihren armen Nachbarn auf der Geest hatten sie die Mittel dazu und konnten sich die enormen Ausgaben leisten. Steinkirchen verfügte wohl noch vor der Reformation über eine Orgel; in den Kirchen von Borstel, Jork, Estebrügge, Mittelnkirchen und Hollern müssen spätestens Ende des 16. Jahrhunderts Orgeln vorhanden gewesen sein, weil sie da bereits erneuert oder umgebaut wurden, wie wir aus alten Rechnungen wissen.

Orgeln wurden in den Altländer Gemeinden nicht auf Befehl des Landesherrn oder der Geistlichkeit angeschafft. Auftraggeber und Bauherren waren die Bauern selbst. Sie finanzierten den Bau, den Unterhalt, selbst den Organisten stellten sie ein. Hilfreich waren dabei ihre langjährigen Erfahrungen in der Selbstverwaltung und ihr Geld. Im Laufe der Zeit entwickelten sie sich sogar zu Musikkennern, wie Konrad Küster, der Orgelspezialist für den Norden, konstatierte: »Die Landwirte (übrigens genauso ihre Frauen) wussten genau, was sie sich von der Orgel und ihrer solistischen

Musik erhofften: Sie wollten Zeit zum Nachdenken haben im Gottesdienst; und sie waren davon überzeugt, damit etwas für ihr Seelenheil zu tun. Denn im Himmel, da ist nur Musik: Musik zum Lob Gottes. Darauf muss man sich auf Erden vorbereiten, jeder nach seinen Möglichkeiten. Das Beste an Musik ist dafür gerade gut genug. Also die Orgel.«

Wir haben es im Alten Land mit einer Landschaft zu tun, in der die Orgel seit Jahrhunderten zu Hause ist wie in wenigen anderen Regionen. Das galt jedoch nur für die bäuerliche reiche Oberschicht, Mägde und Knechte kamen früher nicht in den Genuss des musikalischen Seelenheils. Der Haupt-Sonntagsgottesdienst mit Musik war denjenigen vorbehalten, die sich einen Sitzplatz kaufen und vererben konnten. Bis heute stehen die Namen der reichen Familien an Kirchenbänken und Emporen.

Nur in wirtschaftlich schwierigen Zeiten vernachlässigten die orgelbegeisterten Altländer die Instrumente – vor allem während und nach dem Dreißigjährigen Krieg, von dem sich das Alte Land nur langsam erholte. Seit Ende des 17. Jahrhunderts konnte man endlich wieder an nötige Reparaturen, Um- oder sogar Neubauten denken, das war auch in fast allen Gotteshäusern bitter nötig. Und da kommt Arp Schnitger ins Spiel.

Schnitger war ein aufstrebender, junger, selbstbewusster Orgelbaumeister, als er 1677 die Glückstadter Werkstatt seines Lehrmeisters und Vetters Berendt Huß nach dessen überraschendem Tod übernahm. Erste größere eigene Aufträge kamen aus dem Alten Land. 1677 baute er die Orgel in der Borsteler Kirche um, 1678 folgte der Orgelumbau in St. Matthias in Jork. 1682 konnte Schnitger bereits seine Werkstatt in die Orgelhochburg Hamburg verlegen, wo er eine große Orgel mit 67 Registern in St. Nikolai anfertigte. Parallel dazu arbeitete er viel im Alten Land: Fünf neue Orgeln baute er dort zwischen 1685 und 1702: in Steinkirchen, Neuenfelde, Hollern, Estebrügge und wohl auch in Twielenfleth. Dazu erneuerte er die vorhandene Orgel in Mittelnkirchen und erweiterte 1708 / 09 das Instrument von Jork erheblich.

Die brauchbaren Teile der älteren Orgeln verwendete der Orgelbaumeister stets wieder, sie waren ja aus wertvollem Material. Nur in St. Pankratius in Neuenfelde baute er 1688 eine vollkommen neue Orgel. Als die Kirche 1682 wieder errichtet wurde, stellte man zunächst die vorhandene, intakte Orgel auf, entschloss sich dann jedoch, Schnitger mit einem Neubau zu beauftragen. Die alte Orgel wurde nach Stade verkauft. In fünf Jahren Bauzeit entstand in Neuenfelde die mit 34 Registern größte Arp-Schnitger-Orgel im Alten Land. Viele halten sie für seine schönste, klanglich wie optisch.

Die aufwändigen Schnitzereien am Prospekt stammen wahrscheinlich vom Hamburger Tischler Christian Precht, der den Kanzelaltar gegenüber der Orgel schuf.

Privat verband Schnitger ebenfalls einiges mit dem Alten Land. Weil seine Ehefrau, die Kaufmannstochter Gertrud Otte aus Hamburg, in Neuenfelde einen Hof erbte, richtete der Orgelbauer sich hier eine weitere Werkstatt ein. Den Orgelbauernhof gibt es noch, allerdings inzwischen mit einer historistischen Fassade versehen. Als Arp Schnitger 1719 in Itzehoe starb, überführte man ihn nach Neuenfelde, wo er begraben wurde. Sein ehemaliger Kirchenstuhl steht in St. Pankratius neben der Kanzel, zu erkennen ist er am Wappen: links eine stilisierte Figur mit einem Zirkel, dem Symbol der Orgelbauer, in der Hand; die Figur rechts mit Blumen, Ähren und Obstbaum stellt seine Frau dar.

Außer im norddeutschen Raum fertigte Schnitger Orgeln in den Niederlanden, in Russland, England, Spanien und Portugal (von wo aus eine sogar nach Brasilien gelangte). Allein im Zeitraum von 1680 bis 1710 hat er nachweislich über hundert Orgeln gebaut, repariert oder erweitert. Dahinter steckt eine gewaltige künstlerische, handwerkliche und logistische Leistung. Eine Orgel muss gut geplant werden. Zunächst wird sie gezeichnet, dann in der Werkstatt in allen Einzelteilen angefertigt und aufgebaut, wieder zerlegt und in die Kirche transportiert. Verkehrstechnisch sehr günstig am Wasser lagen da Schnitgers Werkstätten in Hamburg

Alles was Odem hat Lobe den Herren Halleluja
S. PHILIPPUS
IESUS CHRISTUS
S. ANDREAS

oder Neuenfelde. Mit seiner damals einfachen und zugleich modernen Bauweise gelangen ihm Orgeln, die über hohe Material- und Klangqualitäten verfügten und deren Prospekte außerordentlich sorgfältig und kunstvoll geschnitzt waren.

Doch Schnitger muss nicht nur ein guter Handwerksmeister gewesen sein, sondern auch ein geschäftstüchtiger, vorausschauender Unternehmer. Berühmt war sein Verhandlungsgeschick, selbst mit hochwohlgeborenen Auftraggebern. Bei seinen Angestellten bewies er eine außergewöhnlich gute Hand. In seiner Orgelmanufaktur beschäftigte der Orgelbauer eine große Anzahl an Gesellen, die er hervorragend ausbildete. Die Besten führten sogar selbstständig große Bauleitungen durch. Vor allem aber war Schnitger ein begnadeter und sehr gläubiger Künstler, »von Musik besessen und beseelt«, wie ihn die Stader Malerin Anja Seelke einmal porträtiert hat: »wenn er eine Kirche betrat, um eine Orgel auszumessen, wurde er erst mal ganz still«.

DER KLANG DER SCHNITGER-ORGELN GESTERN UND HEUTE

Die großen Komponisten seiner Zeit wie Georg Friedrich Händel und Johann Sebastian Bach bewunderten die Klangqualitäten und den Klangreichtum von Schnitgers Orgeln.

Auch die Zuhörerschaft in den Dörfern war begeistert. Nachdem der Meister zusammen mit seinem Gesellen Nicolaus Stöver 1709 die Orgel in Jork erweitert und grundlegend umgebaut hatte, wollten die Kirchenmitglieder den neuen Klang unbedingt sofort hören. Allerdings herrschte in jener Zeit ein allgemeines Musikverbot, weil der schwedische König, der damals das Alte Land regierte, in Trauer war. Die Gemeinde bat das Stader Kirchenkonsortium dennoch inständig in einem Bittbrief darum, die Orgel an einem der nächsten Sonntage einweihen zu dürfen. Ihr Gesuch wurde abgelehnt. Die Jorker setzten sich auf ihre Art über das Verbot hinweg: Sie weihten das Instrument einfach inoffiziell ein – außerhalb des Gottesdienstes.

Im Laufe der Jahrhunderte änderte sich jedoch der Musikgeschmack, 1861 wurde in Twielenfleth eine neue Furtwängler-Orgel gebaut, 1906 die Orgel in Estebrügge abgerissen und wie 1914 die Jorker Orgel durch eine damals hochmoderne pneumatische Orgel ersetzt. Beide hielten nicht lange und wurden neu gebaut und mehrfach restauriert. Die Estebrügger (über die der Meister einst selbst sagte: »Das ist eine herrliche Orgel, wie man sie in vielen Städten nicht findet«) hat nie wieder ihre frühere Klangqualität erreicht. In Jork versuchte man, mit einem Neubau unter Verwendung historischer Pfeifen an die Schnitger-Tradition anzuknüpfen, mit mittlerem Erfolg. Alle anderen Arp-Schnitger-Orgeln im Alten Land haben vielfache Reparaturen und

Umbauten erfahren, einige in seinem Stil, wie z. B. in der Kirche von Mittelnkirchen.

Gerade in den letzten Jahrzehnten gibt es verstärkte Bemühungen, ihre alten Klangqualitäten wiederherzustellen. Besonders schön klingen die Orgeln von Steinkirchen, in der in den 1950er Jahren eine berühmte Einspielung der Orgelwerke Bachs entstand, und von Neuenfelde. Hier war das Instrument durch missglückte Umbauten zwischenzeitlich gar nicht mehr bespielbar, bis sich Hans Henny Jahnn, Hamburger Schriftsteller und selbst Orgelbauer, 1926 für eine möglichst originalgetreue Rekonstruktion der Orgel einsetzte, technisches und künstlerisches Neuland damals. Nach jüngsten ergänzenden Restaurierungsarbeiten erklingt sie jetzt wieder so glanzvoll und lebendig wie vor dreihundert Jahren.

Im Alten Land ist keine einzige Orgel mehr im Originalzustand. Die Instrumente sind Gemeinschaftswerke jahrhundertelanger Handwerkskunst, angefangen von genialen Orgelbaumeistern wie Schnitger, kunstsinnigen Tischlern wie Christian Precht über die vielen unbekannten Gesellen und Lehrlinge bis hin zu den Schiffern, die die kostbaren Teile sicher an ihren Bestimmungsort brachten. Ermöglicht wurde diese besondere Orgellandschaft von einer anderen Gemeinschaft: den musikbegeisterten, kunstverständigen – und wirtschaftlich erfolgreichen Bauern, die sich von Anfang an für die Orgeln eingesetzt, sie finanziert und ihnen zugehört haben.

VII. ALTE UND NEUE TRADITIONEN UND EINE DICHTERHOCHZEIT

Am ersten Wochenende im Mai beginnt der Altländer Festkalender mit dem Blütenfest in Jork. Dazu gehören die Wahl einer Blütenkönigin, ein festlicher Umzug und ein Markt mit allem, was Äpfel und Kirschen zu bieten haben. Trachtengruppen führen alte Tänze auf, und der Shantychor verbreitet maritimes Flair. In der ersten Juliwoche folgen die Kirschentage mit Hoffesten in der gesamten Region, Orgelkonzerten und dem beliebten Jorker Wettbewerb im Kirschkernweitspucken. Mitte September feiert man in Steinkirchen die Apfeltage mit der Wahl der Apfelkönigin als Höhepunkt, begleitet von einem legendären Kuchenbüfett. Das klingt nach alten Bräuchen, doch diese Feste gibt es erst seit wenigen Jahrzehnten. Das Blütenfest zum Beispiel wurde 1981 erstmals gefeiert und geht zurück auf eine Initiative der »Werbegemeinschaft Jork«, um den Tourismus zu fördern.

Traditionell waren die Altländer für ihre Tanzlust bekannt. Schon im 18. Jahrhundert gab es öffentliche Tanzsäle, die meist von Mägden und Knechten, Schiffern und Seeleuten besucht wurden. Gewiss tanzten auch die jungen Bauern und Bäuerinnen gern, ihnen war dies aber nur von Michaelis bis November jeweils nachmittags nach dem Gottesdienst gestattet, dafür mit eigenen Tanzmeistern, die zusätzlich gutes

Benehmen lehrten. Ansonsten blieb man lieber unter sich und traf sich höchstens zu Hause bei Zwieback und Kaffeebrot. Die einzige Ausnahme bildeten die Hochzeiten.

ALTLÄNDER HOCHZEITEN

Hochzeitsfeiern waren die wichtigsten gesellschaftlichen Ereignisse im Alten Land, fast wie anderswo Fürstenhochzeiten – die reichen Bauernfamilien heirateten stets untereinander. Nichts wurde dem Zufall oder gar der Liebe überlassen. Denn bei einer Eheschließung ging es vor allem um eins: das Vermögen zu vergrößern. Die Mitgift der Braut war der wichtigste und schwierigste Teil der Ehe-Verhandlungen. Hatte man sich geeinigt, gab es nur eine kurze Verlobungszeit, geheiratet wurde zur Obstbaumblüte oder an Pfingsten. In jedem Fall feierte man groß, vierhundert Gäste waren keine Seltenheit. Die ganze Dorfgemeinschaft wurde von »Hochzeitsbittern« in feinster Festtracht eingeladen, die zwei Wochen vor dem Ereignis mit einem kleinen Spruch alle zum Kommen aufforderten.

Hochzeitstag war in der Regel der Freitag; die Nachbarn schlachteten für die Feier und buken Brot. Die wichtigste Aufgabe oblag dem Dorfmetzger. Er kochte das Hauptgericht, die Hochzeitssuppe, in riesigen Kesseln: pro Person 1½ Pfund Rindfleisch bester Qualität, Muskatnuss, Muskatblüte, Ingwer, Porree, Petersilienwurzel und Sellerie sehr fein geschnitten, alles mit einer kräftigen Mehlschwitze und vielen Eiern gebunden. Dazu reichte man gekochte Rosinen, frischgebackenes Weißbrot für die Gäste und Korinthenbrot für die Brautleute (um den Ehestand zu versüßen?). Als zweiter Gang folgte kleingeschnittenes Rindfleisch mit Pflaumen, was die Vorliebe der Altländer für Süß-Salziges ebenfalls dokumentiert.

Die Trauung fand entweder zu Hause im Flett (also der Küchenstelle) oder in der Kirche statt. Den Brautkranz und die Eheringe verlieh die Pfarrersfrau – gegen eine Gebühr. Wenn zum Abschluss der Hochzeit die Glocken geläutet werden sollten, mussten die Brautleute auch dafür zahlen. Gefeiert wurde in der großen Diele an Tischen und einfachen Bänken, mit Musik. Jeder brachte seinen eigenen Löffel mit, der Hamburger Köm (Kornschnaps) wurde – genau abgezählt für sechs Leute – aus der Flasche getrunken. Während des Essens gingen der Schlachter mit einer Suppenkelle, die Küchenhilfen mit Tellern und die Musiker mit ihren Notenblättern herum und baten um eine Geldspende für ihre Arbeit. Der Brautvater sammelte derweil für die Armen.

Auch die jungen Eheleute wurden bedacht: Beim traditionellen Walzertanz saß die Braut in der Mitte der Tanzfläche mit einem Gabentuch, in das die Gäste nacheinander ein fein verpacktes Geldgeschenk legten – das zwischen zwei und vier Mark pro Paar betrug und mit dem Namen des jeweiligen Spenders versehen war. Am Schluss verknotete die Braut das Tuch und legte es in ihre Hochzeitstruhe. Dann schlossen sich alle zu einer Polonaise zusammen und tanzten bis zum Morgengrauen Schottisch oder Polka. Feiern konnten die Altländer Bauern – und diese Auszeit vom harten Alltag genießen. Dass die Gäste für alles direkt bezahlen mussten, war selbstverständlich. Bei einer Gabenhochzeit, wie dieser Hochzeitstyp genannt wird, war nichts umsonst – selbst die Einladung nicht. Geöffnet wurde das Gabentuch erst am Sonntag nach der Hochzeit. Dann notierte man sehr sorgfältig die Namen der Schenkenden und wie viel sie gespendet hatten. Inzwischen haben sich im Alten Land wie überall die Hochzeitsbräuche geändert. Gefeiert wird heute meist in Gaststätten, aber immer noch mit vielen Gästen und üppigem Essen. Nach wie vor beliebt ist die Hochzeitssuppe. Und auch das Sammeln von Geld hat sich erhalten.

TRACHTEN UND DIE ROLLE DER FRAUEN

Als 1904 Kaiserin Auguste Viktoria bei einem norddeutschen Trachtentreffen den Preis für die schönste Braut an Catharina Peters aus Ladekop verlieh, waren Trachtenhochzeiten im Alten Land schon nicht mehr üblich. Die letzte Hochzeit in Altländer Tracht soll bereits 1901 stattgefunden haben. Dabei gehörten die Festtrachten unbedingt zu einem solch wichtigen Anlass; sie waren Bestandteil der Aussteuer und zeigten den Reichtum der Altländer Bauern. Wie in anderen Volkstrachten kleideten sich die Männer schlicht. Der Bräutigam trug eine enge dunkle Jacke sowie eine Kniebundhose aus schwarzem Samt und blauem Tuch. Ein schwarzer Zylinder vollendete die Festgarderobe. Den Reichtum des Trägers zeigten verschiedene Accessoires aus feinstem Silber: filigrane Knöpfe und Schnallen an den Schuhen. Die Braut ging zur Trauung – heute undenkbar! – in Schwarz: mit schwarzem Rock und schwarzer Schürze, wie sie alle unverheirateten Frauen trugen, und mit einer dunklen Jacke. Für etwas Helligkeit sorgten ein weißes Tuch und kostbarer Schmuck – unter anderem das »Brautherzchen«, eine silberne oder vergoldete Spange.

Nach der Hochzeitssuppe zog sich die Braut traditionsgemäß um und erschien in der Festtracht der verheirateten Frauen, die etwas farbenfroher und freundlicher war: roter Rock, weiße, schön bestickte Schürze, schneeweiße Strümpfe und bis zu drei weiße Unterröcke – alle mit kostbarer Klöppelspitze (»Knübbels«) verziert. Eine Jacke aus Samt oder Brokat und ein Schnürleib mit silbernen Haken, Ösen und eine Kette vervollkommneten den Look.

Eine eigene Altländer Tracht entstand erst nach dem Dreißigjährigen Krieg, als sich in Deutschland vielfältige regionale Kleidungsstile herausbildeten. Alltags- und Festtracht unterschieden sich nur durch unterschiedlich teure Materialien. Immer dazu gehörten im Alten Land für Frauen Brust- und Halstuch, Jacke, Rock und Schürze. Das Haar wurde mit einem breiten Band vollkommen weggebunden und mit einer Mütze bedeckt, an der lange Schmuckbänder hingen. Je nach Anlass wurden wertvolle Stoffe verwendet, die man aus den Großstädten wie Leipzig oder Hamburg bezog. Am auffälligsten war der prächtige Schmuck, an dem sich der ganze Reichtum zeigte: fünf- bis sechsreihige Perlenketten aus Silberfiligran, Gold- und Silbertressen an der Kleidung und kostbare Knöpfe. Die Alltagstracht war wesentlich schlichter, meist aus einfachem Leinen oder Baumwolle, und wirkte durch das viele Schwarz – selbst die Unterröcke waren schwarz – und die enge Kopfbedeckung sehr streng.

Im Unterschied zu vielen anderen ländlichen Gebieten Deutschlands legten die Altländer ihre Trachten im Alltag jedoch schon früh ab. Die Männer trugen bereits ab Mitte des 19. Jahrhunderts stadtähnliche Kleidung, einige Jahrzehnte später packten die sonst so traditionsbewussten Bäuerinnen ihre Trachten in die Truhe – eher als anderswo, wo die Frauen teilweise bis nach dem Zweiten Weltkrieg Trachten trugen. Das hat nicht zuletzt mit der besseren Stellung und größeren Selbstständigkeit der Altländerinnen zu tun. Schon seit alten Zeiten besaßen Frauen im Alten Land, sobald sie verheiratet waren, mehr Rechte als in vergleichbaren ländlichen Regionen in Deutschland. Sie arbeiteten nicht nur gleichberechtigt auf dem Hof mit und verrichteten schwere

Arbeiten, sondern besaßen die Schlüsselgewalt und verwalteten die Finanzen und allen Besitz. Dazu waren sie weitaus mobiler und mehr außerhalb des Hofes unterwegs als Bäuerinnen in anderen Landesgegenden. Genau wie ihre Männer durften sie ins Wirtshaus gehen und sogar Wein trinken. Spätestens seit Ende des 19. Jahrhunderts fuhren die Frauen allein zum Markt nach Hamburg, wo sie die Städterinnen in modischen Kleidern sahen und sich in ihren schweren schwarzen Trachten rückständig vorkamen.

Um 1900 waren jedenfalls die Trachten fast aus dem Straßenbild des Alten Landes verschwunden, nur vereinzelt trugen ältere Frauen sie im Alltag. Susanne Höft-Schopf hat für das Altländer Archiv die wohl letzte Trachtenträgerin des Alten Landes ausfindig gemacht. Rebecka Bartels, 1849 geboren und 1946 gestorben, trug ihre Tracht bis ins hohe Alter – auch wenn sie arbeitete, was sie ebenfalls bis ins hohe Alter tat. Die vielen Kleidungsstücke waren umständlich anzuziehen, erinnert sich die Enkelin, die ihr morgens dabei helfen musste. Aber selbst zum Kirschenpflücken stieg sie noch als alte Frau in voller Trachten-Montur auf die Leiter. Praktisch war das nicht mit den schweren Röcken und einer Mütze, deren Bänder beim Arbeiten immer hochgesteckt wurden.

Dass wir (und die Altländer selbst) diese Trachten heute nicht nur im Museum in Jork sehen können – wo ein informatives »ABC zur Tracht« die vielen Kleidungsteile erläutert,

die heute kein Mensch mehr kennt –, hängt vor allem mit dem Tourismus zusammen. Bei den verschiedenen Obstfesten treten Trachtengruppen auf; die Blüten- und die Apfelkönigin tragen historische Festtrachten. Die Kappe der Blütenkönigin ist der Altländer Brautkrone mit vielen bunten künstlichen Blüten sowie silbernen und goldenen Pailletten nachempfunden. Auch die beliebten Altländer Gästeführungen werden von Frauen (inzwischen auch von Männern) in Tracht veranstaltet. Organisiert werden diese besonderen Spaziergänge von einem Verein, der 1980 von fünf Frauen ins Leben gerufen wurde. Thea Schliecker, eine der Gründerinnen, erinnert sich, dass sie alte Fotos und Zeichnungen sichteten und passende Stoffe besorgten. Eine Schneiderin aus Jork nähte dann nach den alten Mustern die aufwändigen Kleidungsstücke. Thea Schliecker trägt die historischen Gewänder sehr gern – wenn sie aus der schweren Tracht wieder in ihre Alltagskleidung schlüpfen könne, sei sie allerdings doch sehr froh, sagt sie.

HOCHZEITSBÄNKE UND LESSINGS HEIRAT IM ALTEN LAND

Mit den Trachten verschwanden im 20. Jahrhundert viele andere Traditionen im Alten Land. Die meisten blieben in Vergessenheit, ein ungewöhnlicher Brauch aber wurde 1999 im Alten Land wiederbelebt: die Hochzeitsbank. Dieses schöne und praktische Geschenk konnte sich das Brautpaar vor die Haustür oder in die Stube stellen. Viele heutige Paare stiften die ansehnlichen Holzmöbel der Öffentlichkeit. Inzwischen stehen sie vor Kirchen wie in Hollern, Twielenfleth, Grünendeich und Estebrügge: fein gearbeitete weiße Bänke, auf denen Name und Hochzeitsdatum der glücklichen Jungvermählten vermerkt sind. Manchmal teilen sich mehrere Paare eine Bank – eine kostet nämlich über 1000 Euro. Besonders viele stehen vor dem Rathaus in Jork, das auch das Standesamt beherbergt. Eine der Bänke trägt eine ungewöhnliche Plakette: Sie erinnert an die Hochzeit von Eva König und Gotthold Ephraim Lessing am 8. Oktober 1776 in Jork.

Selbst Literaturkenner werden stutzen: Was hatte der berühmte Aufklärer und Philosoph mit dem Alten Land zu tun? Die Antwort lautet: nichts. Vor seiner Eheschließung war der Schriftsteller nie in Jork gewesen. Den Anstoß für den ungewöhnlichen Ort der Trauung gab ein Landaufenthalt seiner Braut. Eva König, Witwe eines Hamburger Kaufmanns und seit 1771 mit Lessing verlobt, besuchte im Frühsommer 1776 für mehrere Wochen Anna Schuback auf deren Landsitz in Jork. Ihre Freundin hatte gerade ein Kind verloren und brauchte Trost. Eva König selbst hatte nach dem Tod ihres Mannes 1769 aufreibende Jahre hinter sich, in denen sie für ihre vier Kinder das Erbe sichern und dafür die Seidenfabriken ihres Mannes in Wien verkaufen musste. Die vielen Reisen und die mühsamen Verhandlungen hatten ihre Spuren hinterlassen, sie kränkelte. Dazu die lange Verlobungszeit mit ihrem Lessing. Beide waren seit 1771 sehr ineinander verliebt, hatten allerdings vor der Hochzeit viele Hindernisse zu überwinden. Nicht nur Evas Erbschaftsangelegenheiten, sondern auch Lessings finanziell prekäre Situation: Er war zwar berühmt und hatte eine Anstellung in der renommierten Bibliothek von Wolfenbüttel, aber der Herzog von Braunschweig zahlte nicht regelmäßig und nicht viel; aus dem Bankrott des Hamburger Theaters, für das Lessing seine berühmte Dramaturgie verfasst hatte, drückten alte Schulden, dazu kamen immer wieder Spielschulden. Lessing war ein leidenschaftlicher Spieler – was er gewann, gab er gleich für seine andere Leidenschaft aus: Bücher. Und das schöne Projekt, mit seiner Braut durch gemeinsames Lottospielen »glücklich reich« zu werden, klappte nicht. All das – und was für ein saumseliger Briefschreiber Lessing war – wissen wir aus seinem Briefwechsel mit Eva König, der überliefert wurde.

Im Frühjahr 1776 war dann alles geregelt. Die Fabriken waren verkauft, als Lessing meldete, der Herzog habe das geforderte Gehalt von 909 Talern und eine größere Wohnung zugesagt, dazu den Titel eines Hofrates. Vielleicht hatte Eva König da die Idee, Nägel mit Köpfen zu machen und endlich Hochzeit zu feiern. Die Schubacks boten an, die Hochzeit auf ihrem Sommersitz in Jork auszurichten und alle dafür erforderlichen Genehmigungen zu besorgen. Lessing war zunächst nicht begeistert, stimmte schließlich mit viel Bedenken zu. Die wichtigste Bedingung: Man solle wenig Aufhebens machen und keine große Feier veranstalten. Bald hatte sich allerdings die Geschichte in Hamburg herumgesprochen, weshalb doch Gäste zu erwarten waren. Lessing war verstimmt. Seine Begründung, er habe nichts Festliches anzuziehen, konterte seine zukünftige Ehefrau gelassen: Kein Problem, eine Weste und Hose habe sie bereits nähen lassen.

Da die Zeit drängte – Eva König musste ihre Hamburger Wohnung räumen –, willigte Lessing ein, am 6. Oktober 1776 zu heiraten – dem spätest möglichen Termin, da der Gastgeber Johannes Schuback längere Zeit verreisen musste. Als alles organisiert war und Eva König ihrem Verlobten sogar eine genaue Wegbeschreibung übermittelt hatte, scheiterte die Eheschließung fast daran, dass Jork damals auf dem Landweg so schlecht zu erreichen war: Regenwetter hatte Wege und Straßen in Schlamm verwandelt.

Ein Wunder also, dass die Hochzeit überhaupt stattfand – am 8. Oktober. Der Pastor vermählte das Paar im Haus der Schubacks. Lessing im alten Rock, aber mit neuer Hose und Weste. Eva König in einem Seidenkleid, mit modischer Frisur. Selbst Gäste wie der Bürgermeister, der um den berühmten Schriftsteller herumscharwenzelte, störten nicht. Entgegen Lessings ursprünglicher Ankündigung, sofort wieder abzureisen, blieb das frisch getraute Paar bis zum 14. Oktober, bevor es nach Wolfenbüttel aufbrach.

Die Ehe der beiden wurde überaus glücklich, währte allerdings nur wenig mehr als ein Jahr. Erst starb der neugeborene Sohn an Weihnachten 1777, wenig später im Januar 1778 Eva König an den Folgen der Geburt. Lessing kommentierte diese traurigen Ereignisse ebenso lakonisch wie ergreifend: »Ich wollte es auch einmal so gut haben, wie andere Menschen. Aber es ist mir schlecht bekommen. … Meine Frau ist tot: und diese Erfahrung habe ich nun auch gemacht.«

Ob der Schriftsteller unter diesen Umständen mit einer Hochzeitsbank als Geschenk viel hätte anfangen können, ist fraglich. Eine andere Würdigung wäre wahrscheinlich eher nach seinem Geschmack gewesen: die Lessing-Gespräche, die seit 1992 einmal im Jahr in Jork stattfinden – zu aktuellen Themen wie dem Stadt-Land-Gegensatz, dem Klimawandel, der Flüchtlingsarbeit im Alten Land oder dem »tugendhaften Wirtschaften und was Lessing davon gehalten hätte«.

Den Ort der Trauung ausfindig zu machen, war nicht so leicht. Da das Schuback'sche Anwesen durch einen Brand zerstört und das Grundstück verkauft worden war, konnte die Lokalität erst durch den Fund einer alten Landkarte genau bestimmt werden. Heute steht hier die Altländer Sparkasse (Westerjork 10), ein Gedenkstein erinnert an Lessings Hochzeit. Hier wäre eine Gelegenheit gewesen, ebenfalls den Gastgeber Johannes Schuback zu würdigen, dessen Familie aus dem Alten Land stammte. Sein Vater wurde als Kind jedoch zu Verwandten nach Hamburg gegeben, wo er als Erster Bürgermeister Karriere machte. Auch der Sohn wurde nicht wie andere Verwandte Bauer (noch heute gibt es Schubacks in der Region), sondern Kaufmann, dessen Reisen bis nach Portugal führten. Seine familiären Wurzeln hat Johannes Schuback allerdings nicht vergessen. In Jork bewohnte er nicht nur ein Sommerhaus, sondern engagierte sich in der Gemeinde und spendete großzügig, z. B. für die Kirche St. Matthias. Neben dem Altar hängt sein Porträt – als einziges neben lauter Pastorenbildern – und erinnert an einen weltoffenen, generösen Mann, dessen Familienverbundenheit mit dem Alten Land es letztlich zu verdanken ist, dass die kleine Stadt Jork durch Lessings Hochzeit für immer einen Ort auf der literarischen Landkarte Deutschlands erhielt.

VIII. STURMFLUTEN

Auf den ersten Blick ist das Francoper Gutsbrack ein Teich wie jeder andere. Doch alte Legenden berichten von einer besonderen Eigenschaft: Sein Wasser konnte die Farbe wechseln. Funkelte es lehmgelb, dann wussten alle hier: Eine Sturmflut naht. Einer Sturmflut verdankt dieser See auch seine Existenz, wie der Name Brack zeigt: Brack kommt vom plattdeutschen Braak, was Bruch bedeutet – Bruch eines Deiches während einer Sturmflut: Wenn der Ruf erscholl »De Diken sin braaken« – die Deiche sind gebrochen –, war Notstand im Alten Land.

Besonders schlimm war es, wenn das Wasser das Fundament eines Deiches komplett ausgehöhlt und die Deichkappe zum Einsturz gebracht hatte. Dann strudelten die Fluten nur so herein, rasch entstand ein schnell wachsendes Loch, welches immer tiefer wurde. Von hier aus nagte das Wasser weiter den Deich an, bildete Priele und weitere Wirbellöcher. Bei beginnender Ebbe fluteten die eingedrungenen Wassermassen von der Landseite erst langsam, dann mit immer wachsender Gewalt zurück, fegten im Nu fort, was an Erdmaterial oder als Rettungsmaßnahmen gedachten Sandsäcken etwa in der Deichlücke vorhanden war. Das ist der gefürchtete »Grundbruch«, die schlimmste Form des Deichbruches. Eine solche tiefe Deichlücke war früher an der

Bruchstelle sehr schwer zu schließen. Deshalb ließen die Altländer meist das Wasserloch stehen und bauten um das Brack herum halbkreisförmig einen ganz neuen Deich.

Das Francoper Gutsbrack entstand durch einen Grundbruch bei der Petriflut am 22. Februar 1651. Überall im Alten Land finden sich solche Überbleibsel schwerer Sturmfluten – außergewöhnlich tiefe Gewässer, einige klein und kreisrund, manche tropfenförmig und bis zu 800 Metern lang wie das Große Brack bei Borstel. Ihr vielfaches Vorkommen zeigt, dass die Erfolgsgeschichte der Landgewinnung im Alten Land von Beginn an eine Nachtseite hatte. Vor dem 12. Jahrhundert konnten sich die Fluten leicht über die flachen und kaum bewohnten Ufergebiete der Elbe verteilen. Das war nach den großen Eindeichungen nicht mehr möglich. Die Fluten drängten dann gegen die nicht sehr hohen Deiche, die oft genug brachen. Dazu war das Land, das an vielen Stellen unter dem Meeresspiegel lag, weit dichter besiedelt. Eine Sturmflut richtete jetzt weitaus mehr Schaden an als vorher. Kein Zufall also, dass die schriftlichen Aufzeichnungen von Sturmfluten zeitgleich mit der Hollerkolonisation begannen. Die Julianenflut am 17. Februar 1164 war die erste dokumentierte Katastrophe, die das gerade gewonnene Land schwer beschädigte. Meilenweit – so die frühen Chronisten – sei die Elbe von Toten übersät gewesen. Ob Allerkindleinflut oder Marcellusflut – jede dieser Sturmfluten, von denen die Chroniken berichteten, brachte Tod und Unglück. Besonders schlimm wütete die Cäcilienflut am 8. Dezember 1412: Die Elbinsel Hahnöfersand wurde vom Land abgetrennt, das Dorf Zesterfleth ging für immer unter, und die Deiche, Häuser und Äcker in der übrigen III. Meile wurden so stark zerstört, dass das gesamte Gebiet für Jahrzehnte unbewohnbar blieb. Erst um 1460 deichte man die »Wüste Meile« wieder ein.

Die meisten Sturmfluten kamen im Herbst und Winter als Weihnachts-, Fastnachts- oder Eisflut, einige aber trafen das Alte Land mitten im Sommer wie die Kornflut, die 1573 alles Getreide vernichtete. In manchen Jahren folgte Sturmflut auf Sturmflut, selten blieb es jahrzehntelang ruhig. Das war besonders gefährlich für die Bewohner, weil sie nicht mehr so wachsam waren und dann von der Sturmflut im Schlaf überrascht wurden.

In seinem großen Deichbuch dokumentiert Michael Ehrhardt Dutzende solcher Flutkatastrophen. Eindrücklich sind die Schilderungen über die Folgen der Katharinenflut am 25. November 1685. Überall im Alten Land waren Deiche gebrochen, Häuser standen bis zu den Dächern unter Wasser, viel Vieh war ertrunken. Die gesamte Ernte war nass und damit unbrauchbar geworden, ebenso das Saatgut. Allein die Kosten für die Deichreparaturen beliefen sich nach einer Schätzung der schwedischen Regierung auf eine Summe von 46 300 Reichstalern, die von den Altländern selbst aufzubringen war. Und das nach dem verlustreichen Dreißigjährigen Krieg! Jeder Einzelne hatte daneben für den Wieder-

aufbau des eigenen Hofes zu sorgen, konnte dort aber seine Arbeitskraft nur bedingt einsetzen, weil die Deichreparaturen für alle Landbesitzer an erster Stelle standen. Am schwersten hatte es die II. Meile getroffen, wo bei Borstel durch einen riesigen Grundbruch ein außergewöhnlich großes Wasserloch zurückgeblieben war. Gerade hier standen die Deichbauarbeiten unter keinem guten Stern. Bis zum folgenden Sommer war die gesamte Gegend überschwemmt, als in Neuenkirchen ein Hinterdeich teilweise einstürzte. Das Wasser strömte jetzt auch von der Landseite in die II. Meile. Notdürftig flickte man dort die maroden Abschnitte, als der Elbdeich erneut den Fluten nicht Stand hielt. Jetzt wurde die Lage für die Anwohner dramatisch. Die Sommersaat abermals vernichtet, die Äcker unter Wasser, die Bauernhöfe verwüstet, Kirschen- und Apfelbäume verdorben. Man »könne nicht zweifeln, dass viele Menschen vor Hunger sterben, verderben und elendig umkommen müssten«, schrieb ein Angelus Rolap im Namen der gesamten Bevölkerung an die schwedische Regierung und bat darum, die Abgaben zu stunden. Bereits die Befestigung des neuen Bracks bei Borstel habe die Einwohner mehr als die Steuern für ein ganzes Jahr gekostet. Bis September 1687 wuchsen die Steuerschulden auf 20 000 Reichstaler an. Obwohl selbst der strenge schwedische Steuerinspektor von einem Anblick sprach, »der ein steinernes Herz zu Mitleiden« bewege, bestand der schwedische Gouverneur auf Bezahlung, schickte aber den hohen

Verwaltungsbeamten Heino zum Felde in das Katastrophengebiet. Selbst dieser war erschüttert und zugleich beeindruckt von den unermüdlichen Anstrengungen der Altländer. Alle Kraft hätten sie in die gemeinsamen Deicharbeiten gesteckt und sich dabei bereits hoch verschuldet. Inzwischen seien die Altländer jedoch so entkräftet und erschöpft, dass sie es ohne Hilfe nicht schaffen würden. Die schwedische Regierung entsandte daraufhin zur Unterstützung eine Kompanie Soldaten. Für deren Bezahlung mussten die Bewohner schließlich ebenfalls aufkommen, während sie selbst kaum zu essen hatten, keine Einnahmen verzeichneten und ihr Vieh, Korn und ihre Habseligkeiten schon bei der Katharinenflut verloren hatten. Viele Altländer verließen ihre Höfe, manche gingen betteln, andere steckten den Spaten in den Deich zum Zeichen der freiwilligen Aufgabe ihres Landes. Quasi über Nacht waren aus stolzen wohlhabenden Bauern Habenichtse geworden, die vor den Trümmern ihrer Existenz standen.

Wir können uns das heute kaum vorstellen. Eine Altländerin aber wie Gästeführerin Thea Schliecker, deren Familie seit vielen Generationen in der I. Meile ansässig ist, sagt: »Die Sturmfluten kosteten immer wieder die Kraft einer ganzen Generation, auch in der Gegenwart noch.« Umso bewundernswerter, dass und wie sich die Altländer doch stets wieder aufrafften, Schäden beseitigten, die Deiche erhöhten und Höfe und Felder in Ordnung brachten. Das ist zwar kein Grund, die Altländer wie in alten Chroniken für ihren heroischen Kampf »Mensch gegen die Naturgewalt« zu feiern. Oder sie gar wie die Nazis zum deutschen Übermenschen zu stilisieren. Doch angesichts der ständigen existenziellen Bedrohung erscheinen einige ihrer Eigenheiten in einem anderen Licht. Ihre Ordnungsliebe und ihre sauber geharkten Vorgärten sind möglicherweise Versuche, wenigstens im engen Umkreis die Kontrolle zu behalten. Ihren Stolz auf die eigene Leistung und die Leistung der Generationen vor ihnen und ihr starkes Traditionsbewusstsein kann man ebenso verstehen. Verständlich auch ihre Abneigung gegen »die da oben« – im Zweifelsfall konnte und musste man sich auf sich selbst und die anderen Altländer verlassen, die sich in derselben Situation befanden. Obwohl weit landeinwärts wohnend, haben die Altländer die Mentalität von Küstenbewohnern, mit denen sie mehr verbindet als mit ihren Bauernkollegen im Bayrischen Wald. Denn das Meer ist immer noch gegenwärtig, zweimal am Tag durch Ebbe und Flut, die manchmal gefährlich hoch wird. Wer im Alten Land wohnt, liebt das Wasser, behält aber stets Respekt vor ihm.

Das jüngste Brack im Alten Land entstand in Francop, nicht weit vom alten Gutsbrack entfernt, als Folge der schweren Sturmflut vom 16. auf den 17. Februar 1962 in Hohenwisch. Über 38 Stunden wütete damals ein Sturm aus Nordwest und trieb mit Windgeschwindigkeiten von über 150 Kilometern pro Stunde ungeheure Wassermassen in die El-

bemündung. Verstärkt wurden die Flutwellen durch eine Springflut. Die Gezeiten hängen wesentlich von der Gravitationskraft des Mondes ab, die Sonne hingegen verstärkt oder verringert die Kräfte je nach Stand der Erdumdrehung. Zweimal im Monat, bei Voll- und bei Neumond, liegen Sonne, Erde und Mond auf einer Achse. Dann wirken Sonne und Mond gleichzeitig mit aller Kraft in eine Richtung. So entstehen die besonders hohen Gezeiten bei einer Springtide. Vor dem Alten Land stieg das Wasser der Elbe damals auf 5,73 Meter über Normalnull. Wie hoch das ist, zeigen die vielen Flutmarken überall im Alten Land, wie z. B. im Museum Jork, wo die Markierung ganz oben im Dachgeschoss angebracht ist. In Twielenfleth wurde der Deich auf einer Länge von dreihundert Metern überspült, die Lühe trat über die Ufer und überflutete zahlreiche Höfe. Anderswo wurden ganze Häuser vom Wasser mitgerissen. Die meisten Schäden erlitt die III. Meile: Dort brachen die Deiche der Süderelbe, Lücken von bis zu achtzig Metern entstanden, allein hier waren achtundvierzig Grundbrüche zu vermelden. Dreizehn Menschen starben. Man hatte zwar eine Sturmflut erwartet, war aber nicht auf solche gewaltigen Wassermassen gefasst. Vorgewarnt wurde die Bevölkerung nicht, die damaligen Warnsysteme waren sehr unterentwickelt. Die meisten Bewohner wurden im Schlaf überrascht und konnten sich manchmal nur gerade eben retten – wie der Mann, der auf einem Baum zwölf Stunden frierend und durchnässt ausharrte, bevor Rettungskräfte ihn erlösten. Andere konnten sich in die alte Mühle oder die höher gelegene Kirche in Neuenfelde flüchten. Es stürmte und regnete in Strömen, alles lag im Dunkeln, überall war die Elektrizität ausgefallen. Dazu war es bitterkalt. Erst am Morgen des 17. Februars sahen die Bewohner das ganze Ausmaß der Katastrophe. Eine große Wasserfläche, in der Schränke, Betten und Balken schwammen. In den Fluten trieben tote Kühe und Schafe. Ein Anblick, der sich bei den Überlebenden unauslöschlich eingeprägt hat. Bis heute ist die Erinnerung an diese schreckliche Februarnacht bei den Menschen im Alten Land lebendig.

Nach dieser schweren Flutkatastrophe erhöhte man im Alten Land die Deiche und baute neue Sperrwerke an Este- und Lühemündung. Die alte Süderelbe in der III. Meile wurde abgedämmt, ein neun Meter hoher Deich trennt sie nun vom Tidenstrom. Seit dem Februar 1962 hat das alte Francoper Gutsbrack nicht mehr die Farbe gewechselt, seither hat man kein lehmgelbes Wasser mehr gesehen, selbst bei der folgenden Sturmflut von 1976 nicht. Ein gutes Zeichen? Das Wasser stieg 1976 zwar merklich höher, konnte aufgrund der besseren Deiche jedoch keinen Schaden anrichten. Bis heute haben die Deiche gehalten.

Am Hohenwischer Brack hat man 2002, vierzig Jahre nach der Katastrophe, ein Denkmal in Erinnerung an die Flutopfer von 1962 errichtet. Es stammt vom Bildhauer Winni

Schaak aus dem nahen Moorburg und stellt abstrakte Wellen dar. An all die früheren Sturmfluten erinnern im Alten Land nur noch die vielen Bracks. Idyllische, oft schilfbewachsene tiefe Teiche, die schon den Reiseschriftsteller Richard Linde zu Beginn des 20. Jahrhunderts zum Schwärmen animierten. Ganz poetisch nannte er sie »die blauen Augen des Wasserlandes«. Wie nah das Schöne und das Schreckliche beieinanderliegen können.

IX. DAS ALTE LAND, DIE LITERATUR UND GROSSE MENSCHHEITSFRAGEN

Dichter und Maler haben sich seit je für ungewöhnliche Landschaften begeistert. Das Alte Land gehörte allerdings nicht dazu: nicht heroisch und spektakulär genug, zu wenig unberührte Natur. Vielleicht liegt das daran, dass es bei aller Blütenschönheit immer ein von Menschen geschaffenes Wirtschaftsland war. Genau aus diesem Grund aber wurde das Alte Land schließlich doch Anlass und Inspiration für eines der großen Werke der Weltliteratur: für Goethes *Faust*.

Lebenslang hatte Goethe sich mit der Figur Faust beschäftigt. Der erste Teil des Dramas war längst abgeschlossen, doch mit *Faust II* kam der Autor in den 1820er Jahren nicht so recht weiter. Immerhin war er bereits über 70 Jahre alt, als 1823 ein junger Mann bei ihm vorsprach, der, so Goethe selbst, »vorzüglich Ursache [war], dass ich den Fausten fortsetze«: Johann Peter Eckermann. Und man kann ergänzen: zum Abschluss brachte. Der begeisterte Goethe-Fan drängte den Dichter zur Vollendung des Dramas und zur Arbeit am letzten Akt. In diesem Akt lässt Goethe Faust ein grandioses Landgewinnungsprojekt an der Küste unternehmen. Auf die Idee und deren Ausgestaltung hatte Eckermann großen Einfluss. Dieser Mensch, der sich aus bitterarmen Verhältnissen hochgearbeitet hatte, motivierte den alternden Dichter nicht nur, weiter zu arbeiten, sondern war auch ein belesener und kluger Gesprächspartner, der Vorschläge für Themen machte, für den Dichter recherchierte und mit ihm über das Tages- und Weltgeschehen parlierte.

Goethe kam in der Folgezeit wieder gut voran, nur für den Schluss fehlte ihm die Inspiration, als sich in der Nacht vom 3. auf den 4. Februar 1825 eine Sturmflut ereignete, von der wir im Nachhinein wissen, dass sie die schlimmste Flutkatastrophe des 19. Jahrhunderts an der Nordseeküste war. Besonders die Marschen an der Unterelbe und im Alten Land hatte es getroffen, über 100 Tote waren allein dort zu beklagen. Die Tragödie erschütterte die Menschen in ganz Europa, auch Goethe, Eckermann aber ganz besonders. In Winsen als Sohn eines Hausierers geboren, hatte Eckermann als Knabe seinen Vater oft wochenlang an der Elbe entlang begleitet, er kannte die Gegend wie seine Westentasche und liebte seine Heimat trotz seiner armen und kargen Kindheit. Goethe selbst konnte sich auf seine eigenen Erfahrungen als Chef der Wegebaudirektion im Herzogtum Sachsen-Weimar-Eisenach stützen. Von 1790 bis 1803 war er als Leiter einer Kommission zur »Dirigierung der Wasserbaue« mit über hundert Tiefbauprojekten befasst. Allerdings war er mit dem Meer nicht vertraut, hatte es zum ersten Mal 1786 im Alter von 37 Jahren am Lido von Venedig gesehen. An den norddeutschen Küsten war Goethe nie. Eckermann dagegen kannte Deiche, Wetter und Gezeiten dort und sprach mit Goethe anlässlich dieser Sturmflut anschaulich »von den Kräften des Meeres und der Seeluft«.

Am 25. Februar 1825 notierte Goethe in sein Tagebuch: »Überschwemmungsunfälle«. Das ist der erste Hinweis darauf, dass bei Goethe unter dem Eindruck dieser Sturmflut – so der Literaturwissenschaftler Hartmut Böhme – die Idee entstand, »das Faust-Projekt mit den aktuellen Wasser-Katastrophen zu verbinden«. Ein Jahr später unternahm Eckermann eine Reise an die Unterelbe, wo er seinen Schwager in spe, Christian Bertram, der Wasserbauingenieur in Bleckede war, bei einer amtlichen Inspektionsreise in die Katastrophengebiete begleiten sollte – mit dem Auftrag Goethes, genauestens über die Zustände dort zu berichten.

Am 20. Juni 1826 setzte Eckermann zusammen mit seiner Verlobten Johanne, dem Schwager und dessen Ehefrau mit einem Elbkahn von Hamburg erst nach Stade über und dann weiter nach Twielenfleth im Alten Land. Denn dort hatte es bei Scheefbeenshörn einen der schwersten Deichbrüche gegeben, einen Grundbruch, bei dem ein großes Brack entstanden war. Bei schlechtem Wetter waren die Deicharbeiten nur mühsam vorangekommen, als eine weitere hohe Flut im April 1825 alles Erreichte wieder zerstörte, obwohl hundertvierzig Männer in der Nacht den Notdeich zu retten versuchten. Wiederum wurde die gesamte I. Meile unter Wasser gesetzt.

Gleich nach seiner Rückkehr im Juli 1826 berichtete

»Dr. Eckermann von Hamburg, Stade und den dortigen Anschwemmungen, Einrichtungen, Ansiedelungen«, so Goethe in seinem Tagebuch. Später schickte Bertram seine »Deichsdefension«, an der Eckermann maßgeblich mitgearbeitet hatte, nach Weimar. Dafür, dass Goethe norddeutsche Deiche nie vor Ort gesehen hat, tauchen in *Faust II* erstaunlich viele technische Details vom Deichbau und von der Landgewinnung auf. Faust verfolgt eine neuartige Idee des Deichbaus, die statt der hoch aufragenden eine flach abfallende Deichlinie vorsieht, die die Kraft der heranflutenden Wogen brechen soll. Und er lässt mit Hilfe eines zwischen den Dämmen geführten Grabens die den Dünen vorgelagerte und nur bei Ebbe freiliegende Wattlandschaft entwässern und dann durch Deichbauten das so gewonnene Land sichern. Die Deiche hat er fachgerecht durch »Buhnen«, d. h. zusätzliche Uferbefestigungen, vor größeren Sturmfluten geschützt. All das ist inspiriert von den konkreten Geschehnissen und Gesprächen mit Eckermann über die Deichsdefension.

Die vielen technischen Details in *Faust II* haben im 19. Jahrhundert Ingenieure begeistert; viele Geisteswissenschaftler jedoch reagierten pikiert darauf, dass der Held des Dramas nach Höhenflügen in den griechischen Götterhimmel und durch die Walpurgisnacht am Ende seines Lebens mit so etwas Banalem wie Deichbau und Landgewinnung beschäftigt ist. Doch Goethe verwendete zwar viele realistische Elemente, es ging ihm aber um mehr als die wirklichkeitsnahe

Darstellung zeitgenössischer Deichbaukunst. Schauplatz sind weder das Alte Land noch andere reale Küstenregionen. Goethe gestaltet in seinem Drama vielmehr eine der großen Menschheitsfragen der Neuzeit, die sich auch für das Alte Land stellen und heute aktueller erscheinen denn je. Faust erschafft in diesem Schlussakt ein beeindruckendes Werk, indem er – wie die Menschen einst im Alten Land – einen unwirtlichen Küstenstreifen durch Deichbau und Entwässerung in eine blühende Landschaft mit fruchtbaren Äckern, reichen Dörfern und schönen Gärten verwandelt: »ein paradiesisch Land«, »des Menschengeistes Meisterstück«. Aber aus Hass gegen alles, was diese seine neue Ordnung stört, zerstört Faust die Hütte zweier Alten, Philemon und Baucis, die bei der erzwungenen Umsiedlung umkommen. Faust dünkt sich Herr über die Elemente und eine feindliche Natur, die er stets bekämpfen und besiegen muss. Einfach so kann er die Natur nicht belassen – Goethes Protagonist ist ein großer Umweltzerstörer. Absolute Naturbeherrschung ist sein Ziel, bei der alles durchrationalisiert ist. Und er verfolgt immer grandiosere Deichbaupläne.

Doch dieses Projekt ist – wie Mephisto süffisant bemerkt – von Anfang an gefährdet, denn eine allzu forcierte Entwässerung führe allmählich zur Versumpfung. Und Mephisto prophezeit, dass über dem gewonnenen Land bald wieder die Wellen zusammenschlagen werden:

»Du bist doch nur für uns bemüht
Mit Deinen Dämmen deinen Buhnen;
Denn du bereitest schon Neptunen,
Dem Wasserteufel, großen Schmaus.
In jeder Art seid Ihr verloren;
Die Elemente sind mit uns verschworen,
Und auf Vernichtung läuft's hinaus.«

Hier drängt sich die Assoziation auf, dass die Sturmfluten erst durch Kanalisierung des Wassers so großen Schaden anrichten konnten, durch Deichbau, durch immer mehr Maßnahmen, die die natürlichen Räume einschränkten. Das gilt auch für die Landwirtschaft und den Obstanbau im Alten Land. Oft wurde alles der Wirtschaftlichkeit unterworfen, alte Apfelsorten aussortiert, rücksichtslos Düngemittel und Pestizide eingesetzt – schon in den 1920er Jahren war es ja zu einem Bienensterben gekommen, weil zu viele Schädlingsbekämpfungsmittel verwendet worden waren. Findet das Alte Land Antworten auf diese Herausforderungen – unter dem Klimawandel dazu? Kann es mit seinen Eigenheiten und Traditionen überleben oder verschwinden diese im Laufe allgemeiner Modernisierung? Wird es gar bei steigendem Meeresspiegel untergehen?

Seit einigen Jahrzehnten entstehen immer mehr Biohöfe – und selbst traditionellere Betriebe setzen wenige und nur zu bestimmten Zeiten Pestizide ein. Es gibt neuerdings sogar

Bauern, die nicht jeden Flecken wirtschaftlich nutzen, sondern Wiesen für Bienen einrichten. Und auf einmal sitzen Deichrichter und Naturschützer, die einander sonst nicht so grün sind, zusammen in Initiativen gegen die Elbvertiefung, die Hamburg durchgesetzt hat. Der Umgang mit der Landschaft verändert sich ebenfalls. Seit je unterschied man hier scharf zwischen dem durch Deiche geschützten Binnendeichbereich und dem »Butendeich« außerhalb. Das war Niemandsland, dort konnte die Natur wuchern und Wildnis sein, dort konnten Pflanzen- und Tierwelt sich ungestört entwickeln – anders als in den eingedeichten Flächen, die stets in Ordnung gehalten wurden und werden. Doch peu à peu entstehen immer mehr Naturschutzgebiete. Das Gutsbrack Francop gehört heute ebenso dazu wie das Große Brack, das die Altländer nach der Katharinenflut 1685 am liebsten zugeschüttet hätten. In diesem Feuchtbiotop an der Elbe leben inzwischen Seeadler, Löffelenten, Wasserfledermäuse und Fischottern. Kiefern, Erlen, Linden, Birken, Weiden, Schlehen säumen das Ufer, im Wasser wachsen Wasserschwertlilien und gelbe Teichrosen. Und im Schilf findet eine lebendige Vogelwelt Platz. Bisher sind dies nur kleine Oasen in einer hochtechnisierten Agrarlandschaft, aber doch ein Zeichen dafür, dass man heutzutage andere Wege sucht, um in und mit der Natur zu überleben – auch im Alten Land.

ANHANG

MUSEEN, KIRCHEN UND FACHWERKHÄUSER

MUSEEN

Freilichtmuseum Stade (mit einem originalen Altländer Hof aus Huthfleth und Altländer Prunkpforte aus Twielenfleth), Auf der Insel 2, 21682 Stade, Tel. 04141 797 73 30, www.museen-stade.de/freilichtmuseum

Haus der Maritimen Landschaft Unterelbe, Kirchenstieg 30, 21720 Grünendeich, Tel. 04142 88 94 10, www.maritime-elbe.de

Museum Altes Land, Westerjork 49, 21635 Jork, Tel. 04162 57 15

Museum Estebrügge, Steinweg 7, 21635 Jork, Tel. 04162 91 47 55

Museumshafen Borstel, Am Elbdeich 10, 21635 Jork (Borstel) Tel. 04162 91 13 55

KIRCHEN UND ARP-SCHNITGER-ORGELN

St.-Bartholomäus-Kirche, Dorfstraße 132, 21720 Mittelnkirchen, 1688 umfangreicher Umbau der Orgel durch Arp Schnitger

St.-Johannis-Kirche, Dorfstraße 32, 21640 Neuenkirchen

St.-Marien-Kirche, Steinweg 16, 21720 Grünendeich

St.-Marien-Kirche, Hörne 19, 21723 Hollern-Twielenfleth, vermutlich 1689 Neubau der Orgel durch Arp Schnitger, 1681 ersetzt durch eine Furtwängler-Orgel

St.-Martini-Kirche, Steinweg 11, 21635 Jork (Estebrügge) 1702, Neubau der Orgel durch Arp Schnitger, 1906 Abriss der Orgel

St.-Martini-et-Nicolai-Kirche, Kirchweg 1, 21720 Steinkirchen, neue Arp-Schnitger-Orgel unter Verwendung älterer Teile 1685-87

St.-Matthias-Kirche, Am Kirchhof, 21635 Jork, Orgel mehrfach von Arp Schnitger repariert (1678/79) und erweitert (1709)

St.-Mauritius-Kirche, Alter Schulweg 6, 21723 Hollern-Twielenfleth, Neubau der Orgel 1690 durch Arp Schnitger

St.-Nikolai-Kirche, Große Seite 9-16, 21635 Jork (Borstel), 1677 Orgelumbau durch Schnitger

St.-Pankratius-Kirche, Organistenweg 6, 21129 Hamburg-Neuenfelde, 1688 vollständiger Neubau der Orgel durch Arp Schnitger

IM TEXT ERWÄHNTE BAUWERKE

Café Obsthof Puurten-Quast mit Original-Prunkpforte (1683),

Nincoper Straße 45, 21129 Hamburg-Neuenfelde, www.puurtenquast.de

Estebrücke mit Brückenwärterhäuschen, 21635 Jork (Estebrügge)

Haus Palm (1660) mit orginaler Brauttür und Prunkpforte von ca. 1684, Neuenfelde Nr. 9, 21129 Hamburg-Neuenfelde

Hof im Guderhandviertel Nr. 50 (1618) mit Altenteil daneben (1587), 21720 Guderhandviertel

Hof Stellmacherstraße 14 mit originaler Brauttür (1779), 21129 Hamburg-Neuenfelde (Nincop)

Orgelbauerhof, Vierzigstücken 95, 21129 Hamburg-Neuenfelde

Windmühle Aurora mit Restaurant und Café »Die Mühle«, Am Elbdeich 1, 21635 Jork (Borstel)

Wohnhaus Buxtehuder Straße 24 (1836), Jork (Königreich)

NÜTZLICHE INFORMATIONEN

Cafés und Restaurants: https://www.altesland-entdecken.de/cafes/

Fährverbindungen Hamburg/Wedel-Lühe: https://www.luehe-schulau-faehre.de/

Fahrradverleih: https://www.altesland-entdecken.de/fahrradverleih

Gästeführung in historischer Tracht: https://www.tourismus-altesland.de/buchbare-erlebnisse/

Konzerte an der Schnitger-Orgel in Neuenfelde: https://www.schnitgerorgel.de/

Obsthöfe im Alten Land: https://www.altesland-entdecken.de/obsthoefe/

Stand der Obstblüte: https://www.bluetenbarometer.de/Das-Alte-Land

Tourismusverein Altes Land, Osterjork 10, 21635 Jork, Tel. 04162 91 47 55, www.tourismus-altesland.de

LITERATURHINWEISE

ALLGEMEINE LITERATUR ÜBER DAS ALTE LAND

Das Alte Land von A bis Z. Lexikon einer Elbmarsch, hrsg. von Horst Dippel und Claus Ropers, Kulturstiftung Altes Land, Husum 2018

Drei Meilen Altes Land. Het Groene Hart. Dat Ole Land, hrsg. vom Kulturverein Steinkirchen und Umgebung e.V., Stade 2013

Miriam Fehlbus, Altes Land. Unterwegs vor den Toren Hamburgs, Hamburg 2013

Dörte Hansen, Altes Land, München 2015

Bernd Köhler, Hans Riediger, Das Alte Land, Hamburg 1970

Richard Linde, Die Niederelbe, Bielefeld u. Leipzig 1908

Günter G. A. Marklein, Einzigartiges Altes Land. Der Obstgarten an der Niederelbe, Oldenburg 2016

Museum Altes Land. Ein Leitfaden durch das Museum und die Umgebung, Jork 2015

Hans Peter Siemens, Das Alte Land. Geschichte einer niederelbischen Marsch, Stade 195

WEITERFÜHRENDE LITERATUR UND ANDERE QUELLEN

Hugh Aldersey-Williams, Flut. Das wilde Leben der Gezeiten, München 2019

Margret Barvels, Schifferfamilien an der Este – Leben im 19. Jahrhundert, in: Jahrbuch des Altländer Archivs, Jork 2018

Margret Barvels-Hein, Estebrügge – ein Ort der Schiffer, Handwerker und Gasthäuser, in: Jahrbuch des Altländer Archivs, Jork 2012

Dies., Gustav Becker aus Estebrügge No. 128 – Schiffer und Brückenwärter – 1895 bis 1981, in: Jahrbuch des Altländer Archivs, Jork 2012

Hinrich Behr, Elisabeth Lemke, Gerd Matthes, Die Altländer Tracht, Jork 1985

Tom Blass, Die Nordsee. Landschaften, Menschen und Geschichte einer rauen Küste, Hamburg 2019

Hartmut Böhme, Eros und Tod im Wasser – »Bändigen und Entlassen der Elemente«. Das Wasser bei Goethe, in: Ders. (Hg.), Kulturgeschichte des Wassers, Frankfurt am Main 1988

Dieter-Theodor Bohlmann, Baukunst im Alten Land. Katalog zur Ausstellung »Baukunst im Alten Land«, Jork 2019

Eckart Brandt, Alte Apfelsorten neu entdeckt, München 2019

Deutsche Äpfel. Die Handelssorten. Norddeutschland und Niederelbe, Bearbeitete Neuauflage, Ehesdorf 2005

Johann Peter Eckermann, Gespräche mit Goethe in den letzten Jahren seines Lebens. Hg. von Fritz Bergemann, Frankfurt am Main 1987

Michael Ehrhardt, »Ein guldten Bandt des Landes«. Zur Geschichte der Deiche im Alten Land, Stade 2003

Johann Wolfgang von Goethe, Faust. Der Tragödie zweiter Teil, in: Hamburger Ausgabe, Band 3, München 1988

Dieter Hildebrandt, Lessing. Biographie einer Emanzipation, München Wien 1979

Helmuth Hinkfoth, Wenn nur das Wiederkommen nicht wäre. J. P. Eckermanns gemächliche Reisen, Winsen (Luhe) 2015

Susanne Höft-Schorpp, Die letzte Trachtenträgerin in Leeswig. Rebecka Bartels, geb. Freudenthal, in: Jahrbuch des Altländer Archivs, Jork 2017

Susanne Höft-Schorpp, Claus Ropers, Bernd Wesselhöft, Dieter-Theodor Bohlmann, Wie die Sturmflut 1962 das Alte Land veränderte, in: Jahrbuch des Altländer Archivs, Jork 2012

Adolf E. Hofmeister, Mittelalterliche Belege für den Obstbau im Alten Land, in: Jahrbuch des Altländer Archivs, Jork 2013

Konrad Küster, Arp Schnitger: Orgelbauer, Klangarchitekt, Vordenker, Kiel 2019

Ders., Musik am Deich: 500 Jahre Orgelkultur in den Marschen, in: Jahrbuch des Altländer Archivs, Jork 2011

Ders., Orgeln an der Nordsee – Kultur der Marschen, in: Jahrbuch des Altländer Archivs, Jork 2013

Konrad Küster, Hans Tegtmeyer (Hg.), Gott allein die Ehre. Der Orgelreichtum im Alten Land. Katalog zur Ausstellung, Jork 2007

Hartmut Lohmann, »Hier war doch alles nicht so schlimm«. Der Landkreis Stade in der Zeit des Nationalsozialismus, Stade 1991

Erich Lüth, Johann Peter Eckermann zwischen Elbe, Heide und Weimar, Hamburg 1978

Hans Maier, Die Orgel. Instrument und Musik, München 2015

Margriet de Moor, Sturmflut. Roman. Aus dem Niederländischen von Helga van Beuningen, München 2018

Petra Oelker, »Ich küsse Sie tausendmal.« Das Leben der Eva Lessing, Berlin 2005

Klaus-Jürgen Paulsen, Malte Reichert, Walter Denker, Alte Apfelsorten, Heide 2017

Richard Pott, Die Nordsee. Eine Natur- und Kulturgeschichte, München 2003

Michael Pye, Am Rand der Welt. Eine Geschichte der Nordsee, Frankfurt am Main 2017

Paul Raabe, Eva König, Hamburg 2005

Konrad Schittek, Este-Atlas, Jork 2017

Günter und Ursula Schulz (Hg.), Meine liebste Madam. Gotthold Ephraim Lessings Briefwechsel mit Eva König 1770-1776, München 1979

Harro Segeberg, Literarische Technikbilder. Studien zum Verhältnis von Technik- und Literaturgeschichte im 19. und frühen 20. Jahrhundert, Tübingen 1987

Klaus Sieg (Hg.), Die Elbe. Biographie eines Flusses, Hamburg o.J.

Heike Schlichting, Jürgen Bombach, Alltag und Verfolgung. Der Landkreis Stade in der Zeit des Nationalsozialismus. Bd. 2, Stade 2003

Vicco Meyer, Die Lühe – eine Lebensader, in: Jahrbuch des Altländer Archivs, Jork 2017

VERÖFFENTLICHUNGEN IM INTERNET (STAND 5. 12. 2019)

Behörde für Stadtentwicklung und Umwelt Hamburg und Niedersächsisches Landesamt für Denkmalpflege (Hg.), Länderübergreifende Kulturlandschaftsanalyse Altes Land, Köln 2007, https://www.hamburg.de/contentblob/354872/2a048786ieeee28b675fcbb45e79eb33/data/gutachten-analyse-altes-land.pdf; jsessionid=11BCF647B9A82C7D059363BD9D40BDDF.liveWorker2

Angela Böhm: Kirschblüten machen Japaner verrückt, https://spiegel.de/reise/kirschbluete-in-tokio-tipps-fuer-sakura-und-hanami-a1262195.html

Dieter Borchmeyer, Welthandel – Weltfrömmigkeit – Weltliteratur. Goethes Alters-Futurismus (28. 4. 2004), in: Goethezeitportal. http://www.goethezeitportal.de/db/wiss/goethe/borchmeyer_weltliteratur.pdf

Gregor Garbassen, Ein Land wie im Vollrausch, https://archiv-rhein-zeitung.de/on/magazin/reise/galerie/japan/main.html

Egon Freitag, »Da rase draußen die Flut bis auf zum Rand«. Eckermanns Beziehung zur Nordsee und sein Einfluss auf Goethes Faust, https://www.kranichhausgesellschaft.de/sites/mitteilungen/vortraege_pdf/2009_da_raste_draussen_flut.pdf

Judith Schmiedel, Die Bracks in Hamburg, https://www.hamburg.de/contentblob/110242/c1c889268ebbcc8f.2b5a2cb775941b1c/data/bracks.pdf

BILDNACHWEIS

akg-images, Berlin: Seite 68, 82 (Günter Schneider)
Altländer Archiv, Jork: 52/53 (Jebramek, 00002725)
Martin Elsen, Stade: 20
imago images, Berlin: 46 (Strussfoto); 35 (Waldkirch/mm images); 109 (Zuma/Keystone)
Imke Lohmann, Jork: 87
mauritius images, Mittenwa ld: 28/29 (Ingo Boelter); 10 (Manfred Habel); 2 (Rainer Waldkirch)
Niedersächsisches Landesarchiv Stade: 14/15 (Karten Neu Nr. 11465)
picture-alliance, Frankfurt am Main: 42/43 (Justus de Cuveland/imageBroker); 104/105 (dpa); 76, 119 (Christian Fürst); 94 (Burkhard Juettner/JTimage.de); 61 (Carsten Leuzinger/imageBroker); 57 (McP-Waldkirch/Bildagentur-online)

ABBILDUNGSVERZEICHNIS

Christoph Hein
Ein Wort allein für Amalia
Mit Illustrationen von
Rotraut Susanne Berner
Insel-Bücherei Nr. 1479

Goethe und die Kinder
Herausgegeben von Mathias Mayer
Mit zahlreichen Abbildungen
Insel-Bücherei Nr. 1480

Das Meerbuch
Herausgegeben von Matthias Reiner
Mit Illustrationen von Quint Buchholz
Insel-Bücherei Nr. 1481

Sylvia Plath
Mary Ventura
und das neunte Königreich
Aus dem Englischen von
Eike Schönfeld
Insel-Bücherei Nr. 1483

Isaac Bashevis Singer
Der Golem. Eine Legende
Aus dem Amerikanischen
von Gertrud Baruch
Insel-Bücherei Nr. 1484

INSEL-BÜCHEREI

Birgit Haustedt
Im Alten Land

Mit farbigen Abbildungen
Insel-Bücherei Nr. 1478

Apfelbäume, so weit das Auge reicht, idyllische Fachwerkhäuser hinter dem Deich und am Horizont die Elbe: Das Alte Land ist eine uralte Kulturlandschaft am Wasser, die ihren eigenen Charakter bewahrt hat. Prächtige Bauernhöfe und Backsteinkirchen mit kostbaren Barockorgeln zeugen noch heute vom frühen Wohlstand der Altländer. Birgit Haustedt erzählt von den Anfängen im Mittelalter, von Deichbau und Sturmfluten, vom Alltag der kleinen Leute und von großer Handwerkskunst.

DANK

Für inspirierende Gespräche, Literaturtipps und andere Hinweise, liebevolle Aufmunterung und hilfreiche Kritik und Unterstützung danke ich ganz herzlich.

Karen van den Berg, Gesine Dammel, Johann Christian Gellert, Britta Günther, Hans-Christoph Koller, Gerd Lefers, Monika Lelgemann, Tobias Mulot, Wolfgang Meyer (Museum Altes Land), Markus Rieger-Ladich, Berit Petersdorf, Thea Schliecker, Albrecht Schnitzer, Anke Schroller, Christian Schulz, Irene Schwarzbach, Antje Waller, Ulla Zemin.

 Bezugspapier: Florilegius / Quagga Media UG / akg-images, Berlin. Gesetzt in der Schrift Adobe Garamond Pro. Gedruckt auf holzfreies, alterungsbeständiges Werkdruckpapier der Firma Cordier, Bad Dürkheim, von der Memminger MedienCentrum AG. Gebunden in Fadenheftung von der Conzella Verlagsbuchbinderei GmbH & Co KG, Aschheim-Dornach. Printed in Germany. ISBN 978-3-458-19478-1